Claus Gigl
Walter Göbel

Geschichte

Klett Lerntraining

Claus Gigl
Walter Göbel (Das Kaiserreich, Weimarer Republik, Das Dritte Reich bearbeitet von Claus Gigl)

Skizzen
S. 9 Dr. Martin Lay, Breisach am Rhein; Seite 41 und 59 nach Klett Abiturwissen, Zeitalter des Imperialismus S. 54.

Bibliografische Information der Deutschen Bibliothek
Die Deutsche Bibliothek verzeichnet diese Publikation in der Deutschen Nationalbibliografie; detaillierte bibliografische Daten sind im Internet über http://dnb.ddb.de abrufbar.

Auflage 6. 5. 4. | 2015 2014 2013
Die letzten Zahlen bezeichnen jeweils die Auflage und das Jahr des Druckes.

www.klett.de/lernhilfen
Umschlaggestaltung: Know idea GmbH, Freiburg, mit Franziska Döhler
Satz: GreenTomato Süd GmbH, Stuttgart
Druck: AZ Druck und Datentechnik GmbH, Kempten
Printed in Germany
ISBN 978-3-12-929996-8

Vorwort **5**

1 Die Französische Revolution **6**
Von der Französischen Revolution bis zur Gründung des Kaiserreichs 6
SPEZIALTHEMA: Die Entstehung der politischen Parteien in Deutschland 24

2 Das Kaiserreich **26**
Die Ära Bismarck 26
SPEZIALTHEMA: Die Reichsverfassung 32
Industrielle Revolution und soziale Frage 42
Imperialismus und Erster Weltkrieg 50

3 Die Weimarer Republik **63**
Die Entstehung der Weimarer Republik 63
Die frühen Jahre der Weimarer Republik 77
Außenpolitik und ruhige Jahre der Republik 87
Der Untergang Weimars 94
SPEZIALTHEMA: Das Problem der Reparationen 102

4 Das Dritte Reich 104
Der Weg zum totalitären Staat 104
Ideologie und politische Organisation des Dritten Reichs 115
SPEZIALTHEMA: Die nationalsozialistische Wirtschaft 124
Außenpolitik und Zweiter Weltkrieg 126
Unrechtscharakter des Dritten Reichs und Widerstand 138

5 Deutschland nach 1945 147
Von der Anti-Hitler-Koalition zur Gründung der beiden deutschen Staaten 147
SPEZIALTHEMA: Die doppelte Staatsgründung 166
Kalter Krieg und Wirtschaftswunder 168
Die Wandlung des Ost-West-Verhältnisses bis zur Maueröffnung 186
Neue weltpolitische Konstellationen und wiedervereinigtes Deutschland 204

Stichwortverzeichnis 221

Vorwort

LIEBE ABITURIENTIN, LIEBER ABITURIENT,

in diesem Buch finden Sie alles, was Sie in der Oberstufe im Fach Geschichte wissen müssen.

Sie wollen schnell, gezielt und kompakt das Wichtigste lernen und sich optimal auf den Unterricht vorbereiten.

Dabei hilft Ihnen der **QUICK-FINDER**:
- Jedes Kapitel beginnt mit einer übersichtlichen Auflistung aller wesentlichen Themen.
- Prüfen Sie, ob Sie zu jedem Thema etwas sagen können.
- Wenn Sie zu einem Thema mehr wissen wollen, verweisen die Seitenzahlen auf den entsprechenden Abschnitt im Buch.
- Damit Sie den Abschnitt schneller finden, ist das Thema farbig markiert.

SPEZIALTHEMEN vertiefen besonders wichtige Aspekte, damit Sie im Unterricht punkten können.

Im **STICHWORTVERZEICHNIS** finden Sie zusätzlich alle wichtigen Lernbegriffe.

Viel Erfolg im Abitur wünscht Ihnen

Ihr Klett Lerntraining-Team

1 Die Französische Revolution

Die Französische Revolution

- Krise des Ancien Régime ➛ **S. 8**
- Generalstände ➛ **S. 8**
- Ballhausschwur und Nationalversammlung ➛ **S. 9**
- Die Erstürmung der Bastille ➛ **S. 10**
- Menschen- und Bürgerrechte ➛ **S. 10**
- Die Verfassung von 1791 ➛ **S. 10**
- Entstehung politischer Gruppierungen ➛ **S. 12**
- Revolutionskriege ➛ **S. 12**
- Die Hinrichtung des Königs ➛ **S. 13**
- Der große Terror ➛ **S. 14**
- Das Direktorium (1795 – 1799) ➛ **S. 15**

Das Zeitalter Napoleons

- Der Aufstieg Napoleons ➛ **S. 15**
- Deutschland unter der Herrschaft Napoleons ➛ **S. 16**
- Reformen in Preußen und Bayern ➛ **S. 16**

Von der Französischen Revolution bis zur Gründung des Kaiserreichs

- Der Russlandfeldzug → **S. 17**
- Das Ende Napoleons → **S. 17**

Restauration und Revolution in Deutschland

- Die Neuordnung Europas auf dem Wiener Kongress → **S. 18**
- Der Deutsche Bund → **S. 19**
- Restauration → **S. 20**
- Biedermeier und Vormärz → **S. 20**
- Februar-Revolution in Frankreich → **S. 21**
- Märzforderungen und Revolution in Deutschland → **S. 21**
- Die deutsche Nationalversammlung → **S. 22**
- Wiederherstellung der monarchischen Herrschaft → **S. 23**

SPEZIALTHEMA: Die Entstehung der politischen Parteien in Deutschland → S. 24

Die Französische Revolution

KRISE DES ANCIEN RÉGIME Das absolutistische Frankreich stand 1788 vor dem Bankrott. Die **Staatsschulden** waren ins Unermessliche gewachsen, die Zinsen verschlangen die Hälfte der Einnahmen. Gründe waren:

- der aufwändige Lebens- und Herrschaftsstil am absolutistischen Königshof sowie
- die Kosten der Unterstützung der nordamerikanischen Kolonien in ihrem Unabhängigkeitskampf.

Hinzu kam die ungleiche Verteilung der Steuerlast, die fast ausschließlich vom dritten Stand getragen wurde, während die Geistlichen und die Adeligen fast völlig von der Steuerzahlung befreit waren. Mehrere Finanzminister König Ludwigs XVI. versuchten vergeblich, die Steuerlast gerechter zu verteilen, scheiterten aber am Widerstand der privilegierten Stände. Besonders die wohlhabenden Bürger wollten nicht länger akzeptieren, dass sie Steuern zahlen sollten, obwohl sie kein politisches Mitspracherecht besaßen.

GENERALSTÄNDE Als der König wieder neue Steuern erheben wollte, forderten vor allem Adelige und Geistliche, die mit dem absolutistischen System unzufrieden waren, weil sie kaum Anteil an der politischen Macht hatten, die Einberufung der Ständeversammlung, die den Steuern zustimmen und dem König die Wünsche der Bevölkerung vortragen sollte. Diese Versammlung aus Vertretern der drei Stände war im Jahr 1614 zum letzten Mal zusammengekommen. Ludwig XVI. weigerte sich zunächst, weil er eine Beschränkung seiner Macht befürchtete, Anfang August 1788 gab er dann nach: Am 5. Mai 1789 traten die Generalstände in Versailles zusammen.

BALLHAUSSCHWUR UND NATIONALVERSAMMLUNG Die Abgeordneten des dritten Standes forderten eine Abstimmung nach Köpfen. Dies war weder dem König noch den Abgeordneten des ersten und zweiten Standes recht, da sie damit in der Unterzahl gewesen wären. Die Abgeordneten des dritten Standes verließen daraufhin die Ständeversammlung, zogen sich in ein benachbartes Ballhaus zurück und erklärten sich, da sie 98 % der Bevölkerung Frankreichs – also fast die gesamte Nation – vertraten, zur Nationalversammlung. Außerdem schworen sie, erst dann auseinanderzugehen, wenn es in Frankreich eine Verfassung gäbe. Wieder gab Ludwig XVI. nach und forderte die Abgeordneten der beiden ersten Stände auf, sich an den Sitzungen der Nationalversammlung zu beteiligen. Diese gehorchten und traten mit den Vertretern des dritten Standes für eine neue gesellschaftliche Ordnung ein.

Schaubild der französischen Ständegesellschaft zu Beginn der Französischen Revolution

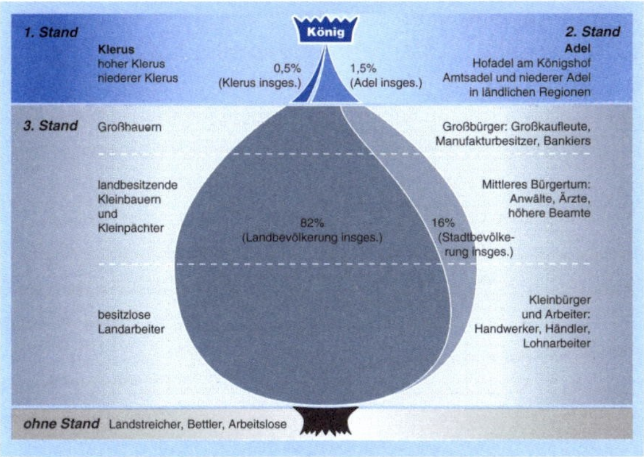

DIE ERSTÜRMUNG DER BASTILLE Die politischen Unruhen und die wirtschaftlichen Probleme ängstigten die Bevölkerung in Paris und verursachten großen Aufruhr. Am 14. Juli 1789 kam es unter dem Schlagwort **„liberté, égalité, fraternité“** (Freiheit, Gleichheit, Brüderlichkeit) zum Sturm auf die Bastille, das Symbol monarchischer Unterdrückung. Auch in anderen Städten Frankreichs und auf dem Land gab es Aufstände, bei denen die königlichen Beamten verjagt wurden. Ludwig XVI. griff nicht ein, doch viele Adelige flohen aus Angst vor den Unruhen ins benachbarte Ausland.

MENSCHEN- UND BÜRGERRECHTE Zur Beruhigung der Bevölkerung beschloss die Nationalversammlung in der nächtlichen Sitzung vom 4. August 1789, das seit Jahrhunderten bestehende Feudalsystem abzuschaffen und die Vorrechte des Adels und der Geistlichkeit aufzuheben. Das bedeutete das **Ende der Ständegesellschaft**. Gleiches Recht sollte nun für alle Franzosen gelten. Am 26. August 1789 verabschiedeten die Abgeordneten die Menschen- und Bürgerrechte, die Ludwig XVI. anerkannte. Zugleich forderten die Menschen, Ludwig solle nicht länger im abgelegenen Versailles, sondern in Paris regieren. Niemand dachte aber daran, die Monarchie abzuschaffen.

DIE VERFASSUNG VON 1791 Unter dem Druck der Ereignisse erließ der König 1791 eine konstitutionelle Verfassung, die aber durch die darin verankerte Gewaltenteilung (Legislative, Exekutive, Judikative) seine Macht einschränkte. Da der Verfassung ein Zensuswahlrecht zugrunde lag, begünstigte sie die reichen Bürger; nur diese durften wählen. Ärmere sowie Frauen und Männer unter 25 Jahren waren von der Wahl ausgeschlossen.

Schaubild der Verfassung von 1791

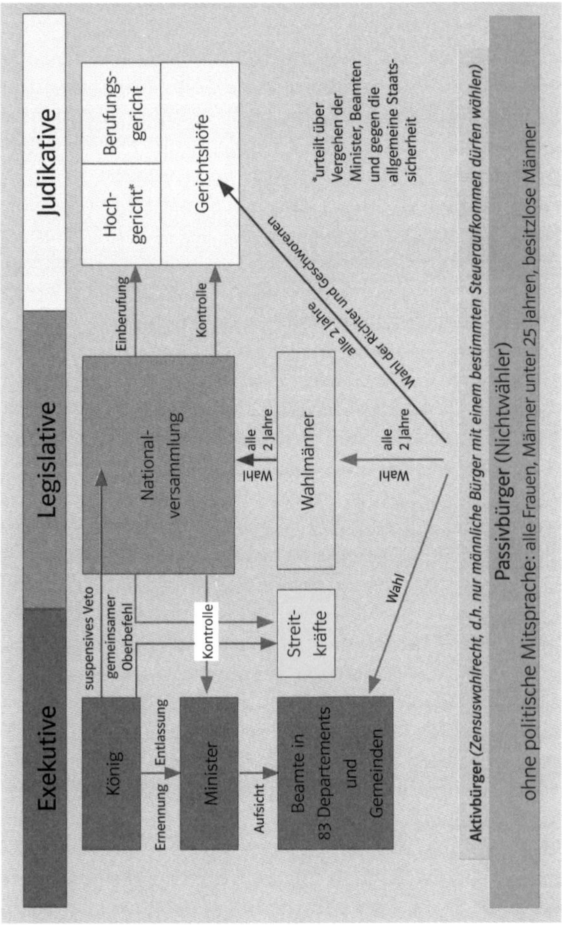

ENTSTEHUNG POLITISCHER GRUPPIERUNGEN In der Nationalversammlung waren vor allem reiche Großgrundbesitzer und Angehörige der bürgerlichen Intelligenz, meist Rechtsanwälte, aber keine Adeligen, einfache Bürger oder Bauern vertreten. Viele Abgeordnete standen auf der Seite der konstitutionellen Monarchie, andere forderten die Abschaffung des Königtums und die Einführung der Republik. Der Rest war unentschieden. Die Republikaner, die meist aus dem Departement Gironde stammten und Girondisten genannt wurden, vertraten die Interessen des Besitzbürgertums. Von ihnen grenzten sich die gemäßigten (**Jakobiner**) und die radikalen Demokraten ab, zu denen Maximilien de Robespierre, Georges Danton und Jean Paul Marat gehörten. Sie stützten sich auf die ärmere Bevölkerung von Paris und trugen statt der höfischen Kniehose (frz. culotte) lange Hosen; man nannte sie deshalb **Sansculotten** (die ohne Kniehosen).

REVOLUTIONSKRIEGE Im Juni 1791 versuchte der König ins Ausland zu fliehen. Er wurde erkannt und nach Paris zurückgebracht, wo er im Stadtschloss, den Tuilerien, leben musste. Man verdächtigte ihn, mit den Monarchen Europas eine Verschwörung gegen die Revolution zu planen. Um zu verhindern, dass ausländische Truppen die Revolution niederschlagen könnten, erklärte Frankreich 1792 Österreich und Preußen den Krieg. Zugleich hofften die Revolutionäre, die Ideen der Revolution in ganz Europa verbreiten zu können. Als die französische Armee, die noch von königstreuen Offizieren geführt wurde, versagte, wurden Freiwilligenverbände eingesetzt. Sie waren zwar schlecht ausgerüstet, aber voller Begeisterung für die Revolution. In dieser Situation entstand die heutige französische Nationalhymne, die Marseillaise.

DIE REVOLUTIONSKRIEGE

In immer wieder wechselnden Koalitionen bekämpften sich Franzosen und die Truppen des übrigen Europa.

1792–97	1. Koalitionskrieg	F gegen Ö – Pr – GB
1799–1802	2. Koalitionskrieg	F gegen Ö – GB – R – u. a.
1805	3. Koalitionskrieg	F gegen Ö – GB – R – u. a.
1806/07	4. Koalitionskrieg	F gegen Pr – R– Sachsen
1809	5. Koalitionskrieg	F gegen Ö – GB

Die Revolutionskriege verliefen für Frankreich insgesamt siegreich und brachten erhebliche Gebietsgewinne.

DIE HINRICHTUNG DES KÖNIGS Als der Führer der feindlichen Armee in Frankreich, der Herzog von Braunschweig, durch Drohungen und Einschüchterungen der Revolutionäre den König schützen wollte, erreichte er genau das Gegenteil: Die Tuilerien wurden gestürmt, der König floh in die Nationalversammlung, die ihn jedoch nicht schützte, sondern verhaftete und seines Amtes enthob. Inzwischen hatte sich die Nationalversammlung unter der Bezeichnung Nationalkonvent neu gebildet. Ziel des Konvents war es, eine neue republikanische Verfassung zu beschließen und über das Schicksal des Königs zu entscheiden. In einem Prozess stimmte eine knappe Mehrheit der Abgeordneten für die Todesstrafe. Am 21. Januar 1793 wurde Ludwig XVI. öffentlich guillotiniert.

DER GROSSE TERROR Die Hinrichtung des Königs hatte Europa in Angst und Schrecken versetzt. Doch auch die Bevölkerung Frankreichs war beunruhigt: Die Ernten waren schlecht, die Brotpreise stiegen immer weiter, die Revolution hatte noch nicht zu stabilen politischen Verhältnissen geführt. In dieser Situation sahen die Sansculotten die Chance, ihre Ziele – Freiheit, Gleichheit und wirtschaftliche Sicherheit für alle – zu verwirklichen. Sie rissen die Macht im Konvent an sich, verhafteten die Girondisten, ließen viele von ihnen ermorden und errichteten eine Schreckensherrschaft. Um schnell reagieren zu können, legte der Konvent alle wichtigen Entscheidungen in die Hände von Ausschüssen. Der wichtigste war der **Wohlfahrtsausschuss**, der für Verwaltung und Wirtschaft zuständig war. Robespierre stieg als Mitglied dieses Ausschusses zum mächtigsten Mann in Paris auf. Die Pressefreiheit und kirchliche Feiertage wurden abgeschafft, nur noch die Gedenktage der Revolution, z. B. der 14. Juli, sollten begangen werden. Ein neuer Kalender, der sich an der Revolution orientierte, wurde eingeführt. Um die Revolution vor ihren Feinden zu schützen, ließ Robespierre jeden hinrichten, den er verdächtigte, die Revolution nicht zu unterstützen. Zwischen Oktober 1793 und Juli 1794 wurden fast 14 000 Menschen zum Tod verurteilt, auch die politischen Weggefährten Robespierres Danton und Marat. Bald fühlte sich niemand mehr sicher, so dass die Jakobiner Robespierre verhaften ließen. Am 28. Juli 1794 starb auch er unter der Guillotine.

DAS DIREKTORIUM (1795 – 1799) Nach dem Ende der Jakobinerherrschaft beruhigte sich die Lage in Frankreich langsam. 1795 setzte der Konvent eine neue Verfassung in Kraft, die die ärmere Bevölkerung, die Anhänger Robespierres, von den Wahlen ausschloss. Fünf gewählte Direktoren übernahmen nun die Regierung.

Das Zeitalter Napoleons

DER AUFSTIEG NAPOLEONS Napoleon Bonaparte, 1769 auf Korsika geboren, trat als Offizier in die Revolutionsarmee ein. Von Robespierre gefördert, wurde er schon mit 24 Jahren General. Als er im Oktober 1795 einen Aufstand der Königstreuen niederschlug, übertrug ihm das Direktorium den Oberbefehl über die französischen Truppen in Italien. Napoleon war dabei sehr erfolgreich: Innerhalb eines Jahres besiegte er die österreichischen Truppen (Frieden von Campo Formio, 1797). Danach bekämpfte er in Ägypten die Engländer, ließ aber nach dem britischen Seesieg bei Abukir unter Admiral Lord Nelson seine Truppen im Stich und eilte nach Frankreich zurück, um in den zweiten Koalitionskrieg (1799 – 1802) einzugreifen. Dabei stürzte er 1799 das Direktorium, übernahm als erster von drei Konsuln die Macht und erklärte die Revolution für beendet.
In den Kriegen gegen die europäischen Nachbarstaaten waren die Franzosen meist siegreich. Gegen England verhängte Frankreich die Kontinentalsperre, der Handel zwischen England und dem europäischen Festland war dadurch unterbrochen. Die außenpolitischen Erfolge erhöhten das Ansehen Napoleons und 1802 wurde er zum Ersten Konsul auf Lebenszeit gewählt. Am 2. Dezember

1804 krönte sich Napoleon selbst zum Kaiser der Franzosen. Im selben Jahr erließ er das Bürgerliche Gesetzbuch, den „Code civil".

DEUTSCHLAND UNTER DER HERRSCHAFT NAPOLEONS Frankreich erhielt 1801 von Österreich alle Gebiete links des Rheins als Kriegsbeute. Die enteigneten deutschen Fürsten sollten rechts des Rheins entschädigt werden. Im so genannten Reichsdeputationshauptschluss wurde festgelegt, dass fast der gesamte Kirchenbesitz in den Besitz der Landesherren übergehen (**Säkularisation**), die bisher dem Kaiser direkt unterstehenden Städte und Gebiete ebenfalls den Landesherren zufallen sollten (**Mediatisierung**). Sechzehn deutsche Fürsten erklärten daraufhin ihren Austritt aus dem Reich und schlossen sich zum Rheinbund zusammen, der eng an Frankreich angebunden war. Darauf legte Kaiser Franz II. 1806 die deutsche Kaiserkrone nieder, das Heilige Römische Reich existierte nicht mehr.

REFORMEN IN PREUSSEN UND BAYERN Unter dem Einfluss aufgeklärten Gedankenguts und der Französischen Revolution erkannte man in Preußen und Bayern, dass der Staat reformiert werden musste. In Preußen wurde unter den Freiherrn Heinrich vom und zum Stein und Karl von Hardenberg durch „**Reformen von oben**" das Steuerwesen, die Verwaltung und das Bildungssystem reformiert und die Leibeigenschaft der Bauern aufgehoben. Außerdem wurde die Gewerbefreiheit eingeführt.
In Bayern schuf Graf Montgelas einen modernen Staat: Die Leibeigenschaft und der Zunftzwang wurden abgeschafft, Religionsfreiheit wurde gewährt und die allgemeine Schul- und Wehrpflicht eingeführt. Die Neu-

erungen wurden 1808 in einer ersten Verfassung, der „Konstitution“, niedergeschrieben.

DER RUSSLANDFELDZUG 1812 zog Napoleon mit 600 000 Mann gegen Russland, das sich der Wirtschaftsblockade gegen England widersetzte. Zwar drang die „Große Armee“ bis Moskau vor, aber die russischen Generäle vermieden die entscheidende Schlacht. Vor dem hereinbrechenden Winter musste sich Napoleon zurückziehen, viele Soldaten überlebten den rauen Winter und die Strapazen nicht. Das Heer löste sich auf, weniger als 100 000 Mann kehrten in ihre Heimat zurück.

DAS ENDE NAPOLEONS Napoleon fürchtete um seine Herrschaft und eilte nach Paris. Er rekrutierte neue Soldaten, doch seine Gegner rückten nach Westen vor. Im Frühjahr 1813 verbanden sich Preußen, Russland, Österreich und Bayern gegen die neu angeworbenen Truppen Napoleons. Bei Leipzig kam es zur entscheidenden Schlacht: 500 000 Mann, darunter Tausende von Kriegsfreiwilligen, besiegten das französische Heer in der so genannten „Völkerschlacht“. Napoleon wurde abgesetzt und auf die Insel Elba verbannt. Er kehrte jedoch noch einmal zurück und beherrschte für 100 Tage Frankreich. Die europäischen Mächte wollten dies nicht akzeptieren: Ein englisch-preußisches Heer unter den Generälen Wellington und Blücher wurde aufgestellt, es besiegte Napoleon bei Waterloo (im heutigen Belgien) vernichtend. Napoleon wurde ein zweites Mal verbannt, diesmal auf die Atlantikinsel St. Helena, wo er 1821 starb.

Restauration und Revolution in Deutschland

DIE NEUORDNUNG EUROPAS AUF DEM WIENER KONGRESS

Nach dem Sturz Napoleons kamen 1814/15 in Wien etwa 350 Herrscher und Diplomaten zu einem Friedenskongress zusammen, um die europäische Staatenwelt politisch und territorial neu zu ordnen. Die Schlüsselpositionen hatten die Vertreter der Großmächte inne: Hardenberg (Preußen), Fürst Metternich (Österreich), Kesselrode (Russland) und Castlereagh (England). Auch der Vertreter des besiegten Frankreich, Außenminister Talleyrand, war anwesend und konnte überraschend großen Einfluss auf den Kongress ausüben. Das Ziel der Verhandlungen war, durch ein Gleichgewicht der Staaten den Frieden in Europa zu sichern. Daneben gab es viele Einzelinteressen: Grundkonsens war aber die Einigkeit gegen alle revolutionären Bewegungen, die seit 1789 von Frankreich aus ganz Europa erfasst hatten. Die Monarchen und Staatsmänner wollten nichts von Freiheit, Unabhängigkeit und Gleichheit wissen. Ihre Ziele waren die Wiederherstellung der alten Zustände (**Restauration**), die Erhaltung oder Wiedergewinnung ihrer Macht (**Legitimität**) und ein friedliches Zusammenleben nach ihren Bedingungen (**Solidarität**).

Territoriale Bestimmungen des Wiener Kongresses:

- Frankreich: Die Grenzen von 1792 werden wiederhergestellt.
- Österreich: Erhält für die Abtretung seiner Westgebiete Oberitalien.
- Russland: Erhält den größten Teil Polens als ein in Personalunion verbundenes Königreich.
- England: Erhält die verbliebenen Kolonien Frankreichs.

- Preußen: Verliert die meisten seiner polnischen Gebiete an Russland, erhält Teile von Sachsen und die Rheinprovinz.
- Bayern: Erhält die linksrheinischen Gebiete (Pfalz).
- Mittelstaaten: Die süddeutschen Mittelstaaten bleiben bestehen.

Durch den Grundsatz der Restauration sollten die Errungenschaften der Französischen Revolution rückgängig gemacht, das aus dem Mittelalter stammende Feudalsystem wiederhergestellt werden. Der Grundsatz der Legitimität wurde so definiert, dass nur solche Monarchen legitim, also rechtmäßig herrschten, die schon vor der Revolution an der Macht waren. Deswegen sollten alle vertriebenen Fürsten auf ihren Thron zurückkehren und ihre alten Rechte ausüben. Solidarität bedeutet, dass sich die legitimen Monarchen im Kampf gegen die Nationalstaatsbewegung gegenseitig unterstützen. Dazu bildeten sie die **Heilige Allianz**.

DER DEUTSCHE BUND Die deutschen Fürsten hatten kein Interesse daran, einen deutschen Nationalstaat zu schaffen, was den Verlust ihrer Macht bedeutet hätte. Auch die europäischen Großmächte wollten keinen starken Staat in der Mitte Europas. Stattdessen wurde ein loser Staatenbund gebildet, der Deutsche Bund. 35 Einzelstaaten und vier freie Reichsstädte traten diesem bei. Die wichtigste bundesstaatliche Einrichtung war die Bundesversammlung mit Sitz in Frankfurt am Main. Hier berieten die Gesandten der Bundesmitglieder unter dem Vorsitz des österreichischen Staatskanzlers Fürst von Metternich vor allem Fragen der Außenpolitik.

RESTAURATION Die ersten Jahrzehnte des 19. Jahrhunderts standen im Zeichen der Restauration, der Erneuerung der vorrevolutionären Ordnung. Dagegen wandten sich vor allem die Teilnehmer an den Befreiungskriegen gegen Napoleon, deren Hoffnungen auf einen liberalen deutschen Nationalstaat enttäuscht wurden, sowie Studenten und Professoren. Am 18. Oktober 1817 feierten die Studenten, die sich in Vorwegnahme der deutschen Einheit zur „Deutschen Burschenschaft" zusammengeschlossen hatten, auf der Wartburg bei Eisenach den 300. Gedenktag von Luthers Reformation und den vierten Jahrestag der Völkerschlacht bei Leipzig. Sie verbrannten dabei Bücher, die sie für „undeutsch" hielten, sowie Symbole der alten politischen Ordnung wie die Zopfperücke und den Korporalstock. Als 1819 der Student Karl Ludwig Sand den konservativen Schriftsteller und Politiker August von Kotzebue ermordete, erließ Metternich harte Gesetze (**„Karlsbader Beschlüsse"**) gegen die liberalen und nationalen Gruppierungen. Die Burschenschaften wurden verboten, Studenten bespitzelt, missliebige Professoren entlassen. Bücher wurden zensiert. Dieses **„System Metternich"** wirkte lähmend auf Deutschland: Niemand traute sich mehr, seine politischen Ansichten öffentlich zu vertreten, viele freiheitlich denkende Deutsche wie Georg Büchner und Heinrich Heine gingen ins Exil.

BIEDERMEIER UND VORMÄRZ Die meisten Bürger zogen sich aus der Politik zurück und suchten ihr privates Glück – man spricht von der Biedermeierzeit. In Frankreich, Polen und Belgien kam es zu neuen Revolutionen. Auch in Deutschland gärte es in politisch interessierten Kreisen. 30 000 Menschen kamen 1832 zu einer Protestveranstaltung auf das Schloss Hambach in der Pfalz. Sie forderten Demokratie und einen deutschen Nationalstaat. Wieder griff die Obrigkeit ein und unterdrückte politisch Andersdenkende. Ebenso verhielt es sich, als der König von Hannover 1937 die gewährte Verfassung zurücknahm. Die gegen diesen Verfassungsbruch protestierenden Professoren, darunter die Brüder Grimm, wurden ihres Amtes enthoben und des Landes verwiesen. In Deutschland herrschte wieder erzwungene politische Ruhe – doch schon 1848 brach die Revolution aus.

FEBRUAR-REVOLUTION IN FRANKREICH Mitte des 19. Jahrhunderts kam es in ganz Europa zu einer Wirtschaftskrise: Missernten ließen die Lebensmittel knapp werden und stürzten die bäuerliche Bevölkerung ins Elend. Durch die Industrialisierung wurden Textilarbeiter arbeitslos oder verdienten deutlich weniger. Die Weber in Schlesien wagten deshalb 1844 einen Aufstand, der blutig niedergeschlagen wurde.

In Frankreich kam es 1848 zu einer neuen Revolution, die den unteren Bevölkerungsschichten, den Arbeitern und Kleinbürgern, zugute kommen sollte: Gefordert wurde eine Änderung des Wahlrechts und die Verstaatlichung der Großindustrie. Doch nach den Wahlen bildeten die bürgerlichen Kräfte die Regierung; Louis Napoleon, ein Neffe Napoleon Bonapartes, wurde Staatspräsident.

MÄRZFORDERUNGEN UND REVOLUTION IN DEUTSCHLAND

In Deutschland gärte es. Im März 1848 stellten die Liberalen und die national denkenden Kräfte die Märzforderungen: Freiheit der Presse, Versammlungs- und Vereinsfreiheit, Freiheit der Religionsausübung, Beteiligung an der Rechtsprechung (Geschworenengerichte), gerechtes Steuersystem, Abschaffung adeliger Vorrechte.

Am 13. März begannen in Wien zweitägige Aufstände gegen die Obrigkeit. Am Ende musste Fürst Metternich zurücktreten, der Kaiser erließ eine Verfassung. Am 18. März kam es in Berlin zu Aufständen und Straßenkämpfen, bei denen die Märzforderungen wiederholt wurden. Den Truppen des preußischen Königs Friedrich Wilhelm IV. gelang es zwar, die Barrikaden der Aufständischen niederzureißen, doch der König wusste, dass er nichts gegen den Willen der Untertanen erzwingen könnte. Er stellte sich deshalb scheinbar an die Spitze der Revolution, zog seine Soldaten zurück und ritt mit der schwarz-rot-goldenen Fahne der Revolutionäre durch Berlin. Am nächsten Tag erwies er den gefallenen Aufständischen die Ehre, setzte eine liberale Regierung ein und versprach eine Verfassung. In München war es Anfang März zu Unruhen gekommen. Diese richteten sich aber weniger gegen das politische System als gegen den König. Ludwig I. hatte seine Geliebte in den Adelsstand erhoben. Da er dies nicht rückgängig machen wollte, musste er am 6. März 1848 zurücktreten und seinem Sohn Maximilian II. die Herrschaft übergeben.

DIE DEUTSCHE NATIONALVERSAMMLUNG Am 31. März 1848 versammelten sich Männer aus den deutschen Landtagen mit Zustimmung des Deutschen Bundes in Frankfurt am Main zu einem Vorparlament, das die Wahlen zur Nationalversammlung organisierte. In der Nationalversammlung, dem ersten deutschen Parlament, fanden sich Männer wieder, die unterschiedlichen politischen Richtungen angehörten. Das neue Parlament hatte zwei Aufgaben zugleich zu bewältigen: Es musste einen Nationalstaat schaffen und eine Verfassung erarbeiten. Die Verfassungsberatungen zogen sich hin; fast ein halbes Jahr lang berieten die Abgeordneten über die Grundrechte, die ihnen besonders wichtig erschienen, um die Bürger vor obrigkeitlicher Gewalt zu schützen. Bei der Frage nach einem einigen Deutschland musste entschieden werden:

- **Kleindeutsch oder großdeutsch**: Sollten beide Großmächte, Preußen und Österreich, Deutschland angehören? Was sollte mit ihren nichtdeutschen Gebieten geschehen?
- **Zentralismus oder Föderalismus**: Sollte es einen Einheitsstaat mit einer starken Zentralgewalt oder einen Staatenbund mit selbstständigen Einzelstaaten geben?
- **Monarchie oder Republik**: Sollte Deutschland eine konstitutionelle oder eine parlamentarische Monarchie oder eine Republik sein?

Nach langen Debatten einigten sich die Abgeordneten auf ein zentralistisch organisiertes Deutschland ohne Österreich, aber mit Preußen an der Spitze, das nach dem Modell der konstitutionellen Monarchie regiert werden sollte.

WIEDERHERSTELLUNG DER MONARCHISCHEN HERRSCHAFT

Als die Abgeordneten dem preußischen König Friedrich Wilhelm IV. die Deutsche Kaiserkrone anboten, wies er sie zurück, da er kein Herrscher „von Volkes Gnaden" sein wollte. Die Monarchen in Österreich und Preußen hatten inzwischen schon die Gegenrevolution eingeleitet: Die gewährten Verfassungen wurden zurückgenommen, die Abgeordneten aus der Paulskirche vertrieben. Da auch in Österreich die Revolution niedergeschlagen wurde, hatte Mitte des Jahres 1849 die alte Ordnung gesiegt. Der Deutsche Bund wurde wiederhergestellt. Die Führungsmacht blieb zunächst Österreich, doch Preußen entwickelte sich immer mehr zur Vormacht.

Die Entstehung der politischen Parteien in Deutschland

Zwischen Mai 1848 und Mai 1849 tagte die Paulskirchenversammlung, das erste deutsche Parlament. Die Abgeordneten waren zumeist Honoratioren, also höhere Verwaltungsbeamte, Richter, Staats- und Rechtsanwälte sowie Universitäts- und Gymnasialprofessoren. Landwirte und Handwerker blieben in der Minderheit, Frauen waren nicht zugelassen.

Schematische Darstellung der Sitzordnung im Paulskirchenparlament:

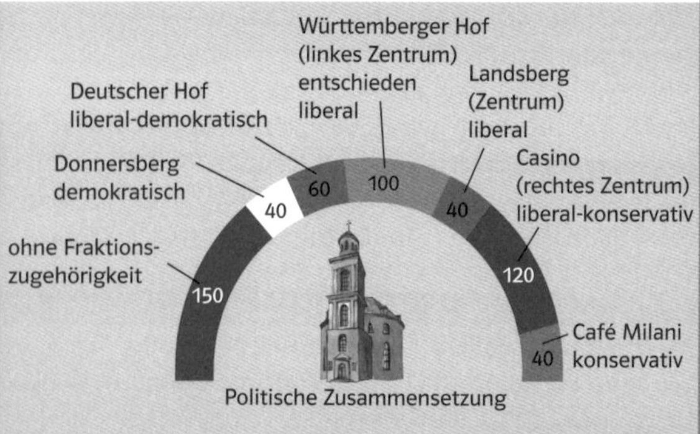

Die Abgeordneten kannten sich untereinander meist nicht, doch bald fanden sich in den Debatten Gleichgesinnte, die sich nach dem offiziellen Teil in Gaststätten zur Aussprache trafen und sich daraufhin auch im Parlament zusammengruppierten. Sie wurden nach diesen Lokalitäten bezeichnet, aus denen später die politischen Parteien hervorgingen.

POLITISCHE RICHTUNGEN UND ZIELE:

Linke:
Demokraten und Republikaner
- Republik mit parlamentarischer Regierung
- Erweiterung der Volksrechte (Gesetzgebung)
- Verfassung
- Einheit Deutschlands

linke Mitte:
Liberale
- bürgerliche Freiheiten
- parlamentarische Monarchie
- Verfassung
- Einheit Deutschlands

rechte Mitte:
Liberale
- bürgerliche Freiheiten
- konstitutionelle Monarchie
- Verfassung
- Einheit Deutschlands

Rechte:
Konservative
- Stärkung der Monarchie
- Stärkung des Föderalismus
- minimale Mitwirkungsmöglichkeiten des Parlaments
- Einheit Deutschlands (mit Österreich)

2 Das Kaiserreich

Die Ära Bismarck

Preußen 1862–1866

- Der Verfassungskonflikt in Preußen ➛ **S. 27**
- Grundprinzipien der Politik Bismarcks ➛ **S. 28**
- Der Deutsch-Dänische und der Deutsche Krieg ➛ **S. 30**

Die Reichsgründung

- Die Emser Depesche ➛ **S. 30**
- Der Deutsch-Französische Krieg und die Reichsgründung ➛ **S. 30**

SPEZIALTHEMA: **Die Reichsverfassung** ➛ **S. 32**

Die Innenpolitik Bismarcks

- Der Kulturkampf ➛ **S. 34**
- Das Sozialistengesetz ➛ **S. 35**
- Die staatliche Sozialgesetzgebung ➛ **S. 36**
- Bismarck und die Liberalen ➛ **S. 37**

Die Außenpolitik des Deutschen Reiches 1871–1890

- Bismarcks außenpolitisches Konzept ➛ **S. 37**
- Das Bündnissystem Bismarcks ➛ **S. 39**
- Die Problematik der Außenpolitik Bismarcks ➛ **S. 40**
- Die Beurteilung Bismarcks ➛ **S. 41**

Preußen 1862–1866

DER VERFASSUNGSKONFLIKT IN PREUSSEN Die Jahrzehnte nach den napoleonischen Befreiungskriegen waren bestimmt vom **Dualismus** zwischen Preußen und Österreich, die beide die **Hegemonie** (Vorherrschaft) in Deutschland anstrebten. Deshalb plante Wilhelm I. 1860 eine umfassende Heeresreform (Vergrößerung des Heeres, Umwandlung des Offizierskorps, Reduzierung der bürgerlichen Landwehr). Dies hätte eine Vermehrung des adligen Offizierskorps und eine geringere Zahl bürgerlicher Offiziere bedeutet. Das mehrheitlich bürgerliche Abgeordnetenhaus, das das Budgetrecht (Festlegung des Staatshaushalts) besaß, befürchtete zudem, der König wolle das „monarchische Prinzip“ (der Soldat als Untertan) zu stark gegenüber dem „liberalen Prinzip“ (der Soldat als Staatsbürger) betonen. Es stellte deshalb Forderungen (u. a. Verkürzung der Militärdienstzeit auf 2 Jahre, Stärkung seines Budgetrechts), die für Wilhelm I. unannehmbar waren. Bald spitzte sich der Streit zu. Wilhelm I. löste das Abgeordnetenhaus im März 1862 auf. Als die Neuwahl eine noch größere Mehrheit der Liberalen brachte, wollte der König abdanken. In dieser kritischen Lage schlug der Kriegsminister von Roon Bismarck als Ministerpräsidenten vor. Dieser überging das Budgetrecht mit Hilfe der **Lückentheorie**: Der Konflikt zwischen dem Abgeordnetenhaus und dem Monarchen führe zu einer Unregierbarkeit Preußens, die in der Verfassung nicht geregelt sei. Da diese aber kein Vertrag zwischen König und Volk sei, falle die Kompetenz an den König als Verfassungsgeber.

GRUNDPRINZIPIEN DER POLITIK BISMARCKS

- Erhaltung der monarchisch-konservativen Staatsordnung
- Staatsegoismus
  (oberste Maxime: Nutzen des Staates)
- Konvenienzprinzip: Keine starre ideologisch-politische Festlegung bei der Wahl von Bündnispartnern
- dennoch grundsätzliches Festhalten an den entscheidenden innenpolitisch-ideologischen Grundlagen (monarchisch, antiliberal, antidemokratisch, antisozialistisch)
- Konfliktverschärfung: durch Schaffung von „Reichsfeinden“
- die „deutsche Frage“: Die nationale Einheit ist Mittel zur Erreichung der preußischen Vorherrschaft
- Kabinetts- und Geheimdiplomatie
- Krieg als politisches Mittel
- Erreichen der Hegemonie in Deutschland und der Vormachtstellung in Mitteleuropa

DER DEUTSCH-DÄNISCHE UND DER DEUTSCHE KRIEG 1863 versuchte der dänische König Christian IV. Schleswig seinem Königreich widerrechtlich einzuverleiben. Auf Initiative des Deutschen Bundes marschierten deshalb preußische und österreichische Truppen 1864 in Jütland ein und besiegten Dänemark bei den Düppeler Schanzen.

Das dänische Königshaus verlor seine beiden deutschen Herzogtümer (Schleswig und Holstein). Der **Vertrag von Gastein** (1865) unterstellte Schleswig der preußischen, Holstein der österreichischen Verwaltung.
Inzwischen war bei beiden deutschen Großmächten die Bereitschaft gewachsen, den Dualismus militärisch zu lösen. Nachdem Bismarck die Neutralität Italiens, Frankreichs und Russlands erreicht hatte, verschärfte er den Konflikt, der den Deutschen Krieg zwischen Preußen (unterstützt von 18 norddeutschen Klein- und Mittelstaaten) und Österreich (unterstützt von 13 süddeutschen Staaten) auslöste. Preußens bessere Bewaffnung und Taktik führten im Sommer 1866 rasch zum Sieg bei **Königgrätz** und zum Frieden von **Nikolsburg**. Da Bismarck sich gegen den König und die Militärs durchsetzte und Preußen keine Gebietsabtretungen verlangte, intervenierten Frankreich und Russland nicht.

Ergebnisse und Folgen des Krieges waren:
- Annexion norddeutscher Staaten und Gründung des **Norddeutschen Bundes** (1866) durch Preußen.
- Grundlage wird die von Bismarck konzipierte Verfassung von 1867, die die Hegemonie Preußens im Norddeutschen Bund festschreibt.
- Österreich, das Venetien an Italien abgeben muss, scheidet aus der deutschen Politik aus, konzentriert sich auf seine inneren Probleme (Vielvölkerstaat).
- Die kleindeutsche Lösung setzt sich durch.
- Als Gegenpol zum Norddeutschen Bund entsteht ein unabhängiger Südbund.
- Preußen ist eine europäische Großmacht.
- Die deutsche Einheit wird durch Kabinettskriege, nicht durch die nationale Bewegung gefördert.

- Der Erfolg rechtfertigt Bismarcks Vorgehen von 1862. Das preußische Abgeordnetenhaus spricht ihm nachträglich Straffreiheit zu (**Indemnität**).

Die Reichsgründung

DIE EMSER DEPESCHE Den Sieg Preußens 1866 und dessen Hegemonie in Deutschland sah Frankreich als Schwächung der eigenen Position an. Die Spannungen zwischen beiden Staaten verschärften sich. 1869 wurde Leopold von Hohenzollern-Sigmaringen die spanische Königskrone angeboten. Bismarck unterstützte aus politisch-strategischen Gründen die Thronkandidatur. Als sie 1870 bekannt wurde, verzichtete das Haus Hohenzollern-Sigmaringen in Abstimmung mit Preußen. Trotzdem forderte Frankreich eine Garantie Wilhelms I. für den Verzicht des Hauses Hohenzollern auf die spanische Krone für alle Zeiten. Der französische Botschafter Graf Benedetti bedrängte in dieser Frage Wilhelm I. wiederholt in Bad Ems. Die telegrafische Mitteilung dieser Vorgänge ließ Bismarck stark verkürzt (und dadurch verschärft) veröffentlichen (Emser Depesche). Damit erreichte er die Bloßstellung und Isolierung Frankreichs sowie die nationale Geschlossenheit aller Deutschen. Als Frankreich Preußen den Krieg erklärte (19.7.1870), traten die Schutzbündnisse von 1866 in Kraft und der Krieg weitete sich zum Deutsch-Französischen Krieg aus.

DER DEUTSCH-FRANZÖSISCHE KRIEG UND DIE REICHSGRÜNDUNG Die deutschen Truppen drangen rasch vor und gewannen die ersten Schlachten. Nach der Niederlage bei **Sedan** kapitulierte Frankreich am 2.9.1870, Napoleon III. wurde gefangen genommen. Ein erneutes Aufflackern des Krieges nach der Ausrufung der Republik in Frankreich endete mit der Einnahme von Paris (Januar 1871). Der **Friede von Frankfurt** (10.5.1871) legte die französischen Reparationszahlungen und die Abtretung von Elsass-Lothringen fest. Noch während des Krieges verhandelte Bismarck, den patriotischen Überschwang der Deutschen ausnützend, mit den süddeutschen Staaten über deren Beitritt zum Norddeutschen Bund. Die entscheidenden Staaten Bayern und Württemberg konnte er durch zahlreiche **Reservatrechte** (z.B. Militärhoheit im Frieden) gewinnen, so dass schließlich der bayerische König **Ludwig II.** dem preußischen König anbot, die Kaiserkrone aus der Hand der Fürsten zu empfangen, was dieser unter dem Einfluss Bismarcks annahm. Die **Kaiserproklamation** fand am 18.1.1871 im Spiegelsaal zu **Versailles** statt. Durch den Beitritt der süddeutschen Staaten zum Norddeutschen Bund entstand das (zweite) **Deutsche Reich**. Entscheidend war hierbei, dass die Reichsgründung nicht vom Volk, sondern von den Fürsten ausging. Dadurch erhielt das Deutsche Reich seinen spezifischen Charakter. Die Reichsgründung erzeugte zudem Misstrauen gegenüber dem Deutschen Reich, das seine Einheit in sehr kurzer Zeit und militärisch überzeugend errungen hatte.

Die Reichsverfassung

Die Verfassung von 1871 entsprach im Wesentlichen der Verfassung des Norddeutschen Bundes (König von Preußen als erblicher Präsident; der preußische Ministerpräsident ist gleichzeitig Kanzler des Norddeutschen Bundes; der Bundesrat als Vertreter der Bundesstaaten verkörpert das föderalistische Element; der Reichstag, die Volksvertretung, wird zwar allgemein, gleich und direkt gewählt, hat jedoch insgesamt wenig Bedeutung). Beide Verfassungen (von 1867 und 1871) konzipierte Bismarck so, dass die Führungsrolle Preußens und seine Machtfülle im Mittelpunkt standen.

Die wesentlichen Charakteristika der Verfassung

- Konstitutionelle Monarchie (Gewaltenkonzentration)
- entscheidende Machtfülle des Kaisers
- Erbkaisertum
- der Bundesrat ist der Souverän
- föderalistische (Bundesstaaten) und unitarische Elemente (Reichstag)
- die Regierung ist nur dem Kaiser gegenüber verantwortlich
- geringe Mitwirkung des Volkes (über den Reichstag)
- liberales Wahlrecht
- auf Bismarck zugeschnitten (preußischer Ministerpräsident, Kanzler, Vorsitzender des Bundesrats)
- Problem: Verfassung funktioniert nur bei starkem Kanzler bzw. Kaiser.

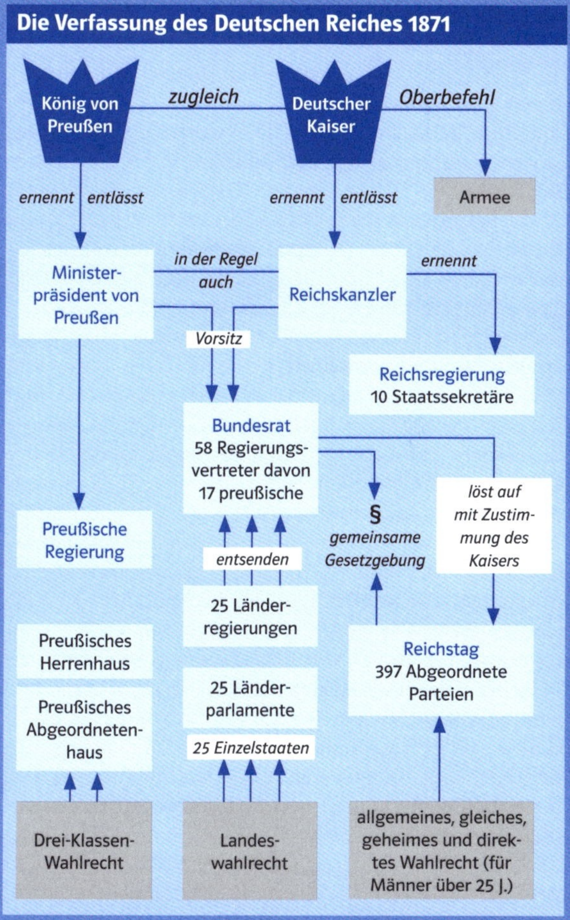
Die Verfassung des Deutschen Reiches 1871
König von Preußen
zugleich
Deutscher Kaiser
Oberbefehl
ernennt
entlässt
ernennt
entlässt
Armee
Minister-präsident von Preußen
in der Regel auch
Reichskanzler
ernennt
Vorsitz
Reichsregierung
10 Staatssekretäre
Bundesrat
58 Regierungs-vertreter davon 17 preußische
§
gemeinsame Gesetzgebung
löst auf mit Zustim-mung des Kaisers
Preußische Regierung
entsenden
25 Länder-regierungen
Preußisches Herrenhaus
Reichstag
397 Abgeordnete
Parteien
Preußisches Abgeordneten-haus
25 Länder-parlamente
25 Einzelstaaten
Drei-Klassen-Wahlrecht
Landes-wahlrecht
allgemeines, gleiches, geheimes und direk-tes Wahlrecht (für Männer über 25 J.)

Die Innenpolitik Bismarcks

DER KULTURKAMPF Bismarck sah in dem 1870 entstandenen „ultramontanen“, d. h. von Rom aus gelenkten **Zentrum** die parlamentarische Opposition schlechthin. In ihm vereinten sich seiner Meinung nach die Gegner des modernen Nationalstaats, des (preußisch-evangelischen) Kaisertums sowie der kleindeutschen Lösung und die antipreußischen Gruppen des Volkes (besonders im katholischen Süddeutschland und im Rheinland). Ferner führte das **Unfehlbarkeitsdogma** des Papstes (1870) zu einem innerkirchlichen Konflikt und verschärfte die Spannungen zwischen hierarchisch-dogmatischer Kirche und modernem Nationalstaat (Trennung von Kirche und Staat) in bestimmten Bereichen (Ehe, Familie, Schule etc.). Ferner gab es erhebliche Spannungen zwischen der Kirche und den Liberalen. Mit zahlreichen Maßnahmen versuchte Bismarck in Preußen bzw. im Reich die katholische Kirche bzw. das Zentrum politisch auszuschalten. Auf dem Höhepunkt des Kulturkampfes waren alle Bischofssitze in Preußen und ein Viertel aller (katholischen) Pfarreien vakant. Trotz seiner harten Maßnahmen konnte sich Bismarck nicht durchsetzen: Sein rigoroses Vorgehen stieß auf Ablehnung, es kam zum „Schulterschluss“ der Katholiken. Bei der Reichstagswahl von 1874 konnte das Zentrum seine Sitze mehr als verdoppeln und Bismarck musste erkennen, dass er eine schwere Niederlage erlitten hatte. Seit 1876 lenkte er zunehmend ein, da er die Katholiken für seinen Kampf gegen die Liberalen und die Sozialdemokraten brauchte. Von den Kulturkampfgesetzen blieben nur die Zivilehe, die staatliche Schulaufsicht, der Kanzelparagraf (bis 1953) und das Jesuitengesetz (bis 1917) bestehen. Die Beendigung des Kulturkampfes änderte nichts daran, dass er das Volk gespalten und die innenpolitische Atmosphäre vergiftet hatte.

MASSNAHMEN BISMARCKS

ZEITLEISTE

1871	Aufhebung der katholischen Abteilung im preußischen Kultusministerium
1872	staatliche Schulaufsicht ersetzt die kirchliche, **Kanzelparagraf** (Verbot politischer, „den öffentlichen Frieden gefährdender" Kommentare Geistlicher), **Jesuitengesetz** (Verbot des Jesuitenordens, der „Speerspitze des Papsttums")
1873	deutsches **Kulturexamen** als Voraussetzung für die Anstellung eines Geistlichen, Einschränkung der kirchlichen Disziplinargewalt, **Zivilehe**
1874	**Expatriierungsgesetz** (Ausweisung politisch engagierter Geistlicher)
1875	**Brotkorbgesetz** (keine staatlichen Zuwendungen an die katholische Kirche) **Klostergesetz** (Verbot der Orden mit Ausnahme der Pflegeorden).

DAS SOZIALISTENGESETZ Für das Sozialistengesetz gab es zwei wesentliche Ursachen: Die Entstehung und Entwicklung der Sozialdemokratischen Arbeiterpartei seit 1863, die durch die Gründerkrise (Beginn 1873) großen Zulauf erhielt, sowie die antisozialdemokratische Einstellung Bismarcks. Er sah die SPD aufgrund ihres marxistischen Gedankenguts als Teil einer internationalen

Umsturzbewegung (**cauchemar des révolutions**). Ihre großen Stimmgewinne bei den Reichstagswahlen von 1874 und 1877 beunruhigten das bürgerliche Lager und Bismarck, für den die Anhänger der SPD Revolutionäre und „vaterlandslose Gesellen“ waren.

Das Sozialistengesetz wurde 1878 durch zwei Attentate auf Wilhelm I. ausgelöst. Obwohl es keinen Zusammenhang zwischen den Attentätern und der SPD gab, geißelte Bismarck die SPD als geistigen Wegbereiter und konnte so im Reichstag weitreichende Maßnahmen gegen die SPD durchsetzen. Noch im selben Jahr verabschiedete der Reichstag das **„Gesetz wider die gemeingefährlichen Bestrebungen der Sozialdemokratie“**, das die SPD und ihre Parteiorganisationen zerschlagen sollte:

- Verbot sozialdemokratischer und sozialistischer Vereine, Versammlungen und Druckerzeugnisse
- Ausweisungsmöglichkeit bzw. Inhaftierung missliebiger SPD-Funktionäre
- Ausrufung des Belagerungszustandes
- Verlängerung des Gesetzes alle 2 1/2 Jahre (bis 1890).

Wie im Kulturkampf konnte sich Bismarck auch gegen die Sozialdemokratie nicht durchsetzen. Die SPD führte ihre politische Arbeit mit Hilfe von „Freizeitvereinen“ weiter und die Solidarität innerhalb der Arbeiterschaft ließ ihre Reichstagsmandate zwischen 1878 und 1890 von 9 auf 35 anwachsen. 1912 bildete sie die größte Fraktion im Reichstag. Wie im Kulturkampf hatte Bismarck auch diesmal das Volk gespalten und die innenpolitische Atmosphäre wesentlich verschlechtert.

DIE STAATLICHE SOZIALGESETZGEBUNG In den 1880er-Jahren erließ Bismarck eine moderne Sozialgesetzgebung. Gründe hierfür waren seine christlich-pietistische

Haltung sowie die Einsicht, dass der Staat verpflichtet sei, die miserable Lage der Arbeiter zu verbessern. Das entscheidende Motiv bestand jedoch darin, der Arbeiterschaft das zu geben, was sie am dringlichsten forderte, und so der SPD „den Wind aus den Segeln zu nehmen".
Dies versuchte er mit folgenden Gesetzen zu erreichen:

- Krankenversicherung: Arbeitnehmer bezahlen 2/3 und Arbeitgeber 1/3 der Kosten.
- Unfallversicherung: Die Kosten tragen die Arbeitgeber.
- Invaliditäts- und Altersversicherung: Arbeitnehmer und Arbeitgeber tragen zur Hälfte die Kosten.

Obwohl die Sozialgesetzgebung in Europa vorbildlich war, verringerte sie die Spannungen zwischen dem monarchisch-autoritären Staat und der Arbeiterschaft nicht, zumal die Gesetze ohne Beteiligung der Betroffenen zustande kamen und das Sozialistengesetz weiterhin bestand.

BISMARCK UND DIE LIBERALEN Nach der Reichsgründung hatten die Liberalen zunächst Bismarck mehrheitlich unterstützt. Sein antidemokratischer Kurs spaltete sie jedoch zunehmend. Als Bismarck auf Druck der Großgrundbesitzer und der Industrie die Gründerkrise mit Schutzzöllen bekämpfte (1878) und damit eine „konservative Wende" hin zum wirtschaftlichen Protektionismus einleitete, kam es zum endgültigen Bruch mit den Liberalen, gegen die er sich – wie gegen die SPD – neue Mitkämpfer suchte (z. B. das Zentrum).

Die Außenpolitik des Deutschen Reichs 1871–1890

BISMARCKS AUSSENPOLITISCHES KONZEPT Die „Einigungskriege" von 1866 und 1870/71 bestimmten das außenpolitische Konzept Bismarcks maßgeblich, der von folgenden Voraussetzungen ausging:

- Die Schaffung des Deutschen Reichs hat das Mächtegleichgewicht in Europa verschoben.
- Die Stabilisierung des jungen Reichs ist vorrangig und muss durch die Konzentration auf die innere Entwicklung erreicht werden.
- Das Misstrauen des Auslands muss abgebaut werden.
- Strategisch ungünstige geografische Mittellage.
- „Erzfeindschaft" mit Frankreich.
- Gegnerschaft von Russland und Österreich-Ungarn auf dem Balkan.
- Gute Beziehungen zu Russland (Preußen unterstützte den polnischen Aufstand gegen Russland 1863 nicht) und zu England (Verwandtschaft der Herrscherhäuser).

Auf dieser Grundlage konzipierte Bismarck 1877 im so genannten **Kissinger Diktat** seine Außenpolitik. Deren Elemente waren:

- Demonstration der Saturiertheit durch Verzicht auf territoriale Ansprüche und Kolonien.
- Sicherheit für das junge Deutsche Reich durch Beteiligung an allen bedeutenden europäischen Bündnissen.
- Stabilisierung des europäischen Mächtegleichgewichts.
- Förderung von Konflikten unter den anderen Mächten, damit Deutschland als gesuchter Partner eine Vermittlerstellung innehat und Einfluss auf die europäische Politik nehmen kann.
- Vermeidung von europäischen Konflikten oder Kriegen bzw. deren Abdrängung an die Peripherie Europas (z. B. Balkan) oder nach Übersee (Kolonien).
- Dadurch Stabilisierung des „labilen Gleichgewichts" in Europa und Isolierung Frankreichs.

DAS BÜNDNISSYSTEM BISMARCKS Der **Berliner Kongress** (1878), in dem Bismarck als „ehrlicher Makler“ für Europa auftrat und im Interesse des europäischen Friedens das Vordringen Russlands nach Südosteuropa verhinderte, und der Zweibund von 1879 gelten als entscheidende Wende der Bismarck'schen Außenpolitik. Von nun an bestimmte er das europäische Mächtesystem durch ein kompliziertes System von teilweise geheimen Defensivbündnissen. Dazu gehörten:

- 1879 (– 1918) Der **Zweibund** mit Österreich-Ungarn. Er ergab sich aus der Verschlechterung des deutsch-russischen Verhältnisses als Folge des Berliner Kongresses und verpflichtete die Bündnispartner zum Beistand im Falle eines russischen Angriffs.
- 1881 (– 1887) Der (geheime) **Dreikaiservertrag** zwischen dem Deutschen Reich, Österreich-Ungarn und Russland erneuerte das **Dreikaiserabkommen** von 1873. Er verhinderte ein mögliches russisch-französisches Zusammengehen. Die Bündnispartner sicherten sich wohlwollende Neutralität zu, falls ein Land angegriffen würde.
- 1882 (– 1914) Der geheime **Dreibund** zwischen dem Deutschen Reich, Österreich-Ungarn und Italien verpflichtete die Teilnehmer zum Beistand im Falle eines französischen Angriffs und zur wohlwollenden Neutralität beim Angriff einer anderen Macht.
- 1887 (– 1890) Der (geheime) **Rückversicherungsvertrag** mit Russland verhinderte ein russisch-französisches Bündnis. Die Vertragspartner vereinbarten die wohlwollende Neutralität im Kriegsfall (Ausnahmen: Angriff Russlands gegen Österreich bzw. des Deutschen Reichs gegen Frankreich).

- 1887 Auf Betreiben Bismarcks wurde das **Mittelmeer-Abkommen** zwischen England, Österreich-Ungarn und Italien geschlossen. Es sollte die Machtverhältnisse im Mittelmeerraum stabilisieren und eine Stärkung Österreichs gegen Russland bewirken. Gleichzeitig erreichte Bismarck dadurch die völlige Isolierung Frankreichs.

Bismarcks Außenpolitik 1888

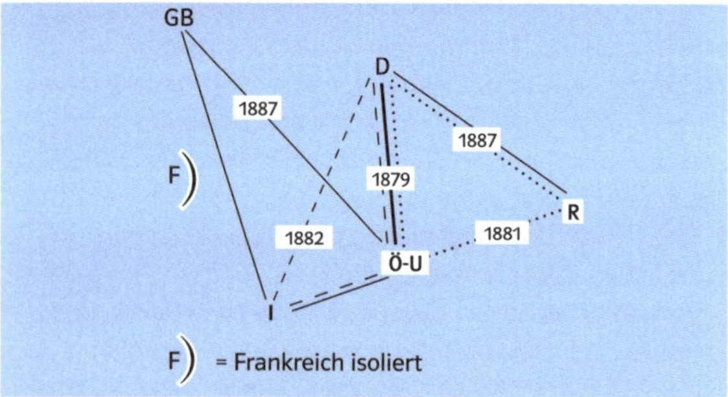

DIE PROBLEMATIK DER AUSSENPOLITIK BISMARCKS Die Bismarck'sche Bündnispolitik war nicht nur sehr kompliziert, sondern aus zwei wesentlichen Gründen auch äußerst problematisch: Die gesamte deutsche Außenpolitik war völlig **an die Person Bismarcks gebunden**, hing also ausschließlich von den Fähigkeiten eines außenpolitisch klugen und weitsichtigen Mannes ab.
Zahlreiche politische Belastungen machten Bismarcks Außenpolitik äußerst schwierig. Hierzu gehörten z. B. die enge Bindung an Österreich-Ungarn (mit all seinen Problemen), der Balkankonflikt, der nicht am Rande Europas isoliert werden konnte, sowie die entscheidende

Rolle des expansiven, panslawistischen Zarenreichs für die Verhinderung eines Zweifrontenkriegs.

DIE BEURTEILUNG BISMARCKS Bismarck wurde und wird auch heute noch kontrovers beurteilt. Grundsätzlich muss unterschieden werden zwischen dem weitsichtigen und fähigen Außenpolitiker und dem Innenpolitiker, der wenig Gespür für die neuen, unabwendbaren Entwicklungen des 19. Jahrhunderts besaß (Liberalismus, Demokratie, Parteien, Arbeiterschaft etc.) und deshalb mit seiner Innenpolitik keinen Erfolg hatte.
Zwischen 1866 und 1945 wird Bismarck vorwiegend als Außenpolitiker, als „genialer Schöpfer des Deutschen Reichs", als „eiserner Kanzler" gesehen und aus nationalistischen Gründen verherrlicht. Seit 1945 ist die Beurteilung Bismarcks ausgewogener und berücksichtigt seine innen- und außenpolitischen Gewinne, Niederlagen und Methoden sowie die Auswirkungen seiner Politik z. B. auf das Dritte Reich (Machtstaatsgedanke, Obrigkeitsstaat, Untertanengeist, „Blut- und Eisen"-Militarismus). Deshalb steht die moderne Geschichtsschreibung Bismarck distanzierter gegenüber, da sowohl seine Innen- als auch seine Außenpolitik von namhaften Historikern als Beginn des „Weges zu Hitler" gesehen wird.

Industrielle Revolution und soziale Frage

Die Industrielle Revolution

- Begriffsbestimmung → **S. 43**
- Rückständigkeit Deutschlands → **S. 44**
- Der Beginn der Industriellen Revolution in Deutschland → **S. 44**
- Die Aufbruchsphase (ca. 1800–1835/50) → **S. 45**
- Charakteristika der Durchbruchsphase (1835/50–1873) → **S. 45**
- Die Gründerkrise (1873–1885) → **S. 46**
- Die Ausbauphase (1885–1914) → **S. 46**
- Die Industrielle Revolution in Deutschland → **S. 47**

Die soziale Frage

- Gesellschaftliche Folgen → **S. 47**
- Kennzeichen der sozialen Frage → **S. 48**
- Lösungsversuche der sozialen Frage → **S. 49**

Die Industrielle Revolution

BEGRIFFSBESTIMMUNG Der Begriff **Industrielle Revolution** bezieht sich auf die ersten Jahrzehnte der raschen industriellen Entwicklung eines Landes. Dieser Zeitraum ist geprägt von folgenden Bedingungsfaktoren:

- Maschinelle Massenproduktion in Fabriken
- Fabriksystem mit arbeitsteiliger Produktion
- sprunghafter Anstieg der Produktion
- Nutzung von Eisen und Kohle in großen Mengen
- freie Lohnarbeit als Erwerbsform der Arbeiterschaft
- Landflucht und Urbanisierung.

Die Industrielle Revolution bezeichnet also:

- die sich in wenigen Jahrzehnten vollziehende sozioökonomische Umformung eines Landes, die eine tiefgreifende wirtschaftliche, technische, gesellschaftliche und politische Veränderung bewirkt;
- den zeitlichen und geografischen Modellfall England;
- einen sich konstant wiederholenden Prozess (heute in den Entwicklungs- bzw. Schwellenländern).

Der Begriff **Industrialisierung** dagegen meint einen langen, vielschichtigen und evolutionären wirtschaftlichen und gesellschaftspolitischen Entwicklungsprozess eines Landes, dessen rasanter Beginn die Industrielle Revolution ist. Oft werden beide Begriffe nebeneinander als Synonyme verwendet. Entscheidend ist, dass die Industrielle Revolution die tiefste Zäsur in der Geschichte der Menschheit ist und in ihrer Bedeutung nur noch verglichen werden kann mit der neolithischen (= jungsteinzeitlichen) Revolution. Ihr Ergebnis ist die moderne Industriegesellschaft, die moderne Welt.

RÜCKSTÄNDIGKEIT DEUTSCHLANDS In England setzte die Industrielle Revolution bereits in den 80er Jahren des 18. Jahrhunderts ein, da dort die politischen, sozialen, wirtschaftlichen und geografischen Voraussetzungen wesentlich besser waren. Im Vergleich zu England war Deutschland rückständig, weshalb die Industrielle Revolution ca. 70 Jahre später einsetzte. Für diese wirtschaftliche Rückständigkeit gab es eine Reihe von Ursachen:

- Partikularismus: Territoriale Klein- und Kleinststaaterei, kleine Märkte, Handelsbeschränkungen.
- Absolutismus: Obrigkeitsstaatliches Denken, kein selbstständiges Bürgertum, geringes Interesse an technischen und wirtschaftlichen Verbesserungen.
- Merkantilismus: Zölle, Ein- und Ausfuhrbeschränkungen, Verbote, gehemmte Initiative.
- Gesellschaft: Starre Klassengesellschaft, ungünstige Besitzverteilung, konservative Einstellung von Adel und Besitzbürgertum, schwache Stellung der Bauern, Zünfte.
- Technische Fähigkeiten: Geringes Know-how, mangelhaftes Bildungssystem.
- Kapital- und Rohstoffmangel: Keine Kolonien, kein Überseehandel, teure Rohstoffe.
- Schwach entwickelte Infrastruktur (sehr dünnes Verkehrsnetz, wenige befestigte Straßen, wenige Kanäle).

DER BEGINN DER INDUSTRIELLEN REVOLUTION IN DEUTSCHLAND Die Niederlage gegen Napoleon bei Jena und Auerstedt (1806) zeigte die katastrophale militärische, wirtschaftliche und finanzielle Schwäche Preußens. Diese Misere sowie die schnell wachsende Bevölkerung, der Druck des immer stärker werdenden Bürgertums, die Ideen der Aufklärung und der Vergleich

mit England und Frankreich zwangen viele deutsche Fürstentümer zur „Revolution von oben".
Der Beginn der Industriellen Revolution in Deutschland ist umstritten. Er wird entweder auf das Jahr 1835 (Deutscher Zollverein, erste Eisenbahnstrecke Nürnberg-Fürth) oder 1850 datiert (erste Massenproduktionen). Die Industrielle Revolution lässt sich in vier Entwicklungsphasen einteilen:

DIE AUFBRUCHSPHASE (CA. 1800 – 1835/50) ist bestimmt durch die „Revolution von oben", die in den jeweiligen Staaten unterschiedlich schnell und intensiv ablief. Sie begann in Preußen mit den Stein-Hardenberg'schen Reformen (Bauernbefreiung, Gewerbefreiheit, Aufhebung der Binnenzölle), mit dem Abbau von Standes- und Berufsbindungen (z. B. Lösung von herrschaftlichen Bindungen, Abschaffung der Zünfte, freie Wahl des Wohnorts), mit wirtschaftlichen Verbesserungen (Aufhebung der Binnenzölle, Handelsfreiheit) und mit ersten Ansätzen für eine wirtschaftliche Einigung Deutschlands (Entstehung von Zollvereinen).

CHARAKTERISTIKA DER DURCHBRUCHSPHASE (1835/50 – 1873)

- Neue, verbesserte Produktionsverfahren, neue Arbeits- und Betriebsmittel
- industrielle statt gewerbliche Produktion
- Übergang von Hand- zur Maschinenarbeit
- Schwerindustrie als Schlüsselindustrie
- neue Transportmittel (Eisenbahn als Initialzündung)
- erhöhte landwirtschaftliche Produktion
- Ausbau der Verkehrswege
- verstärkte Kapitalinvestitionen
- verbesserte Verfahren zur Gewinnung von Stahl

- technische Entwicklungen (Schnellpresse, Elektromotor, Dynamomaschine).

DIE GRÜNDERKRISE (1873–1885) Die Durchbruchsphase wurde von der Gründerkrise abrupt beendet. Die Euphorie des gegen Frankreich gewonnenen Krieges und der Reichsgründung sowie die französischen Reparationen bewirkten zu Beginn der 1870er-Jahre die Gründung zahlreicher Unternehmen und eine risikoreiche Spekulation mit Aktien. 1873 entstand der „Große Krach" an der Wiener Börse und wirkte sich rasch auf Europa und die USA aus. Die Gründerkrise hatte ihren Höhepunkt 1878/79 und flaute danach ab. Auswirkungen:
- Wirtschaftlicher Rückgang
- Abkehr vom Wirtschaftsliberalismus, Hinwendung zum Neomerkantilismus (Schutzzölle)
- Gesundschrumpfung im Aktien- und Börsenbereich
- Rückgang der Preise für gewerbliche Produkte.

Aufgrund der Gründerkrise stagnierte die gewerbliche Wirtschaft bis 1880, das wirtschaftliche Wachstum war bis 1885 niedriger als das von 1873.

DIE AUSBAUPHASE (1885–1914) In den Jahrzehnten vor dem Ausbruch des Ersten Weltkriegs erlebte die Wirtschaft eine erneute Hochkonjunktur. Um die Jahrhundertwende war das Deutsche Reich die stärkste europäische Wirtschaftsmacht. Gründe:
- das starke Bevölkerungswachstum
- das einheitliche Wirtschaftsgebiet
- die Vereinheitlichung der Geld- und Maßsysteme
- ein niedriges Lebenshaltungsniveau und entsprechend günstige Produktionsbedingungen
- reiche Kohle- und genügend Erzvorkommen

- Verbesserung der Ausbildung
- Entstehung von Industriebanken und Aktiengesellschaften.

DIE INDUSTRIELLE REVOLUTION IN DEUTSCHLAND
• Ab 1850 starker Anstieg der Massenproduktion
• Schrittmacher der industriellen Entwicklung war die Eisen- und Stahlindustrie (England: Tuchindustrie)
• Entstehung von Ballungsräumen (Berlin, Ruhrgebiet, Rhein-Main-Gebiet)
• starke Binnenwanderung (von Ost nach West)
• die chemische und die Elektroindustrie gelten als „deutsche" Industriezweige (Justus von Liebig, Badische Anilin- und Soda-Fabrik = BASF, Siemens)
• starke Verflechtung von Industrie und Bankkapital
• vermehrte Proletarisierung der Arbeiterschicht

Die soziale Frage

GESELLSCHAFTLICHE FOLGEN Die Industrielle Revolution veränderte die Gesellschaft dauerhaft:
- Weite Teile der Arbeiterschaft wurden sozial abgewertet, was eine Auseinandersetzung zwischen Arbeiterschaft und Staat zur Folge hatte und die Entwicklung der Arbeiterbewegung beschleunigte.
- Die wirtschaftlich und politisch bestimmende Schicht wurde das Besitzbürgertum, was sich im **Dreiklassen-**

wahlrecht (Gewichtung der Stimmen je nach zu entrichtenden Steuern) dokumentierte.
- Der Adel verlor an Bedeutung, obwohl er sich in bestimmten gesellschaftlichen Bereichen bis 1933 halten konnte (Militär, Diplomatie, hohe Beamte).
- Die soziale Frage (Sammelbegriff für die miserablen Lebens- und Arbeitsbedingungen sowie die schlechte gesellschaftspolitische Situation der Arbeiterschaft) prägte die Politik noch bis weit ins 20. Jahrhundert.

KENNZEICHEN DER SOZIALEN FRAGE Die soziale Frage hatte zahlreiche Ursachen: Niedrige Einkommen, ein Überangebot an Arbeitskräften, das kapitalistische Wirtschaftssystem, in das der Staat zunächst nicht eingriff.
- Die **Arbeitsbedingungen** waren gekennzeichnet durch inhumane Arbeit, überlange Arbeitszeiten, Frauen- und Kinderarbeit, niedrigen Lohn, sehr strenge Disziplinarbestimmungen, fehlende Sicherheitsvorkehrungen und zu große handwerkliche Konkurrenz.
- Zu den schlechten **Lebensbedingungen** trugen Armut, Hunger, ein Leben am Existenzminimum, gesundheitliche Schäden, Auflösung bzw. Verwahrlosung von Familien, Wohnungselend, fehlende soziale Sicherheit und die allgemeine Verelendung in industriellen Zentren bei.
- Die **gesellschaftspolitische Situation** war geprägt von starker politischer Benachteiligung (Dreiklassenwahlrecht), Streik- und Koalitionsverbot sowie von gesellschaftlicher und politischer Deklassierung durch die Oberschicht.

Lösungsversuche der sozialen Frage

Verbesserung der Lage der Arbeiterschaft

- Privatunternehmer (Krupp, Stumm, Harkort, Abbe): Leistungen: Betriebskrankenkassen, betriebliche Altersversorgung, Unterstützung in Notlagen, Werkswohnungen, Werkskantinen.
- Kathedersozialisten (bürgerliche Wissenschaftler, „Verein für soziale Politik"): Forderung von Tarifverträgen, Arbeitslosenversicherung, Anerkennung der Gewerkschaften, staatliche Sozialpolitik.
- Kirchen: Sozialpolitik ging erst gegen Ende des Jahrhunderts von den Kirchen aus. Erst 1891 wendet sich die katholische Kirche offiziell der Lösung der sozialen Frage zu (Papst Leo XIII. durch seine Sozial-Enzyklika „Rerum Novarum").
- Katholische Geistliche: Adolf Kolping (Gesellenvereine und Gesellenhäuser), Bischof Freiherr von Ketteler (publizistische Tätigkeit, fordert aktive Sozialpolitik durch den Staat).
- Evangelische Geistliche: Johann Hinrich Wichern (soziale Einrichtungen für Jugendliche, Innere Mission), Friedrich Bodelschwingh (soziale Einrichtungen für Arbeitslose, Epileptiker, Geisteskranke).
- Christliche Parteien (Zentrumspartei, Christlich-Soziale Arbeiterpartei) fordern den Schutz der Arbeiter, staatliche Reformen, staatliche Sozialpolitik.
- Arbeiterparteien (ADAV = Allgemeiner Deutscher Arbeiterverein, SPD): Politische Gleichstellung, verbessertes Wahlrecht, Koalitionsrecht, Sozialgesetzgebung.
- Gewerkschaften: Bessere Lohn- und Arbeitsbedingungen, gemeinsame Aktionen, Selbsthilfe durch Solidarität.
- Marxismus: Veränderung per Revolution, Abschaffung des Privateigentums, Verstaatlichung der Produktionsmittel, klassenlose Gesellschaft.
- Staatliche Gesetzgebung

Imperialismus und Erster Weltkrieg

Die Wilhelminische Ära

- Das „persönliche Regiment" Wilhelms II. ➤ **S. 51**
- Politische Charakteristika des neuen Kurses ➤ **S. 51**
- Wilhelminische Außenpolitik ➤ **S. 52**
- Die preußische Gesellschaft ➤ **S. 53**
- Interessenverbände ➤ **S. 55**

Der Imperialismus

- Definition ➤ **S. 56**
- Imperialistische Politik ➤ **S. 57**
- Der Imperialismus Großbritanniens ➤ **S. 57**
- Auswirkungen des Imperialismus ➤ **S. 57**

Der Erste Weltkrieg

- Neue Bündniskonstellationen ➤ **S. 58**
- Krisen im Vorfeld ➤ **S. 58**
- Die Kriegsschuldfrage ➤ **S. 60**
- Der Kriegsverlauf ➤ **S. 61**
- Folgen des Ersten Weltkriegs ➤ **S. 62**

Die Wilhelminische Ära

DAS „PERSÖNLICHE REGIMENT" WILHELMS II. Im **Dreikaiserjahr** 1888 folgte auf Wilhelm I. praktisch dessen Enkel **Wilhelm II.**, da der schwerkranke **Friedrich III.** nach nur wenigen Wochen im Amt starb. Rasch ergaben sich wachsende Spannungen zwischen dem jungen, ungestümen Wilhelm II. und dem alten, überlegten Bismarck, die 1890 zu dessen Entlassung führten.
Obwohl Wilhelm II. die Entlassung Bismarcks mit dem Versprechen kommentierte, dass der Kurs der alte bleibe, brachte sein neuer Kurs grundlegende Veränderungen in den Bereichen Politik, Militär und in der Außenpolitik.

POLITISCHE CHARAKTERISTIKA DES NEUEN KURSES

- Wilhelms II. Regierungsstil war autoritär, sein Auftreten oft lautstark und ungeschickt.
- Dieser Regierungsstil und sein fehlender Weitblick schufen immer wieder innen- und außenpolitische Probleme.
- Innen- und außenpolitische Entscheidungen wurden oft ohne die verfassungsmäßigen Organe getroffen.
- Wilhelm II. schuf Nebenregierungen, die mit Vertrauten besetzt waren. Diese bestimmten zusammen mit dem Kaiser die gesamte Politik.
- Die Bismarck'sche Bündnispolitik wurde aufgegeben.
- Das Deutsche Reich band sich stark an Österreich.
- Die militärische Drohung wurde Mittel der Diplomatie.

Militärische Besonderheiten:

- Der gesellschaftliche und politische Führungsanspruch des Militärs verstärkte sich.
- Der Militarismus im Deutschen Reich wurde überzogen.

- Propagierung steter Kampf- und Kriegsbereitschaft.
- Wesentlicher Beitrag zu einem europäischen Rüstungswettlauf (vor allem wegen des Flottenbaus).

WILHELMINISCHE AUSSENPOLITIK Wilhelm II. forderte lautstark die Weltmachtstellung des Deutschen Reichs. Parolen dieser Zeit waren: „Kolonien, Kolonien!", „Ein Platz an der Sonne" und „Deutschlands Zukunft liegt auf dem Wasser!"
Mit seiner militaristischen, aggressiven, „säbelrasselnden" Außen- und Kolonialpolitik schuf er neue Konflikte oder verstärkte bereits bestehende Spannungen. Ergebnis seiner Außenpolitik, die in krassem Gegensatz zu der Bismarcks stand, waren schließlich Bündnisse zwischen England, Frankreich und Russland (s. S. 59).
Wilhelms Außenpolitik ist durch folgende wesentliche Maßnahmen bzw. Ereignisse gekennzeichnet:

- Er erneuerte den Rückversicherungsvertrag mit Russland 1890 nicht. Die Folge war ein russisch-französisches Bündnis (1894).
- Der **Erwerb von Kolonien** sollte dem Deutschen Reich einen „Platz an der Sonne" bescheren.
- Der Bau der **Bagdadbahn** verwickelte das Deutsche Reich noch tiefer in die Balkanrivalitäten.
- Als die Buren die Engländer 1896 in Transvaal abwehrten, gratulierte Wilhelm II. dem Burenpräsidenten Krüger (**Krügerdepesche**). Diese ungeschickte Maßnahme verschlechterte das deutsch-englische Verhältnis nachhaltig.
- 1900 schickte Wilhelm ein Expeditionskorps nach China zur Niederschlagung des „Boxeraufstands" mit der Aufforderung, gegen die Chinesen grausam und rücksichtslos „wie die Hunnen" vorzugehen (**„Hunnenrede"**).

- In einem Interview, das er 1908 der englischen Zeitung Daily Telegraph gab, kommentierte er die britische Politik in arroganter Art und brachte das deutsch-britische Verhältnis auf einen Tiefpunkt.
- Die **Flottenpolitik**, die die Grundlage der deutschen Weltmachtstellung schaffen sollte, wurde in Großbritannien als Bedrohung angesehen. Nach der 2. Marokko-Krise (s. S. 59) lehnten der Kaiser und der Chef des Reichsmarineamtes Admiral von Tirpitz ein Angebot des britischen Marineministers Haldane ab, den Flottenbau vertraglich zu regeln (**Haldane-Mission**). Dadurch wurde die Verbesserung des deutsch-britischen Verhältnisses verhindert.
- Wilhelms Außenpolitik im Vorfeld des Ersten Weltkriegs verstärkte die **Isolierung Deutschlands**.

AUSSENPOLITIK WILHELMS II.

1890–1900	Aufgabe der Bismarck'schen Außenpolitik
1900–1906	Wachsende Isolierung in Europa
1906–1914	Wachsende Konfrontation mit den Westmächten und Russland

DIE PREUSSISCHE GESELLSCHAFT Die **Arbeiterschaft** wurde in den 1860er- und 1870er-Jahren zur größten Gruppe des Gesellschaft. Ihre Ziele bestanden in der Erhöhung des Lebensstandards, der Verbesserung der Arbeitsbedingungen und einer stärkeren politischen Mitsprache. Obwohl sie den Staat als den „natürlichen" Gegner sahen, war die Mehrheit nicht revolutionär, sondern evolutionär gesonnen.

Die **Angestellten** bildeten die neue Mittelschicht. Ihre Lebens- und Arbeitsbedingungen waren deutlich besser (geringere Arbeitszeit, bezahlter Urlaub, Pension). Ihr Hauptziel bestand im gesellschaftlichen Aufstieg ins Bürgertum. Sie waren staatsbejahend und monarchisch.
Das **Bürgertum** (Besitz- und Bildungsbürgertum) übernahm zusammen mit dem Adel die gesellschaftliche und politische Führung. Es ahmte den adligen Lebensstil nach, war monarchisch, konservativ und national.
Der **Adel** war der bevorzugte Stand und stellte die hohen Beamten und Offiziere. Schlüsselstellen blieben für ihn reserviert. Sein Ziel bestand in der Erhaltung des gesellschaftspolitischen Status quo, weshalb er mit der Kirche das „Bündnis von Thron und Altar" einging. Er war extrem monarchisch, aristokratisch, erzkonservativ und sehr patriotisch.
Adel und **Bürgertum** wurden zu Trägern und Vermittlern bestimmender, die Gesellschaft prägender Werte (monarchische Grundeinstellung, Treue, Gehorsam, Tapferkeit, Patriotismus). Dadurch schufen sie eine spezifische politische Ethik („preußische" bzw. „deutsche Kardinaltugenden").
Die **Parteien** und **Verbände** waren im Kaiserreich von großen gesellschaftlichen und politischen Spannungen und Konflikten geprägt, die sich aus dem Gegensatz zwischen moderner Wirtschaftsordnung und konservativem politischen System ergaben. Die konservativen und liberalen Parteien waren **staatstragend**. Mitglieder der konservativen Parteien waren Adelige, Großgrundbesitzer und Unternehmer. Ihr vorrangiges Ziel bestand in der Erhaltung der Monarchie und ihrer gesellschaftlichen Vorrangstellung. Die liberalen Parteien waren die Interessenvertretung des liberalen Besitz- und Bildungsbür-

gertums. Ihre Ziele waren ein starkes Reich, eine machtvolle Außenpolitik und mehr politische Mitwirkung. Im Gegensatz zu diesen staatstragenden Parteien standen die **katholische Zentrumspartei**, regionale Parteien (z. B. die Welfenpartei, die Bayerische Patriotenpartei) oder die sozialistischen Parteien, die sich 1890 zur Sozialdemokratischen Partei Deutschlands zusammenschlossen. Die **SPD** strebte als Regierungssystem mehrheitlich eine parlamentarische Demokratie an und als Staatsform die Republik. Linksaußen standen die linksradikalen Gruppen und Parteien, die sich schließlich in der **KPD** zusammenfanden. Ihr Ziel war die Räterepublik bzw. die Diktatur des Proletariats. Sie waren internationalistisch orientiert und lehnten den Staat als Instrument der Besitzenden ab. Insgesamt wurden die Parteien, deren politische Möglichkeiten innerhalb des politischen Systems gering waren, von ihren regionalen, wirtschaftlichen, gesellschaftlichen und konfessionellen Interessen bestimmt.

INTERESSENVERBÄNDE Neben den Parteien entstanden zahlreiche und mitunter sehr einflussreiche Interessenverbände. In christlichen und sozialistischen **Gewerkschaften** kämpften ca. 3 Millionen Arbeiter für die Verbesserung ihrer wirtschaftlichen Lage. Die Interessen der Industriellen vertrat der **„Centralverband deutscher Industrieller“** (CdI), der z. B. den Schutz der einheimischen Industrie (u. a durch Schutzzölle) forderte. Der **„Bund der Industriellen“** (BdI) dagegen setzte sich für den freien Handel ein. Der konservative **„Bund der Landwirte“** (BdL) bekämpfte die liberale Agrarpolitik. Der **Deutsche Flottenverein** (mit 1 Mio. Mitgliedern) forderte eine machtvolle Außenpolitik und wurde dabei von dem sehr einflussreichen **Alldeutschen Verband** unterstützt. Dieser entstand 1890/91, war sozialdarwinistisch, radikal-chauvinistisch und antisemitisch. Er forderte eine aggressive Kolonialpolitik und die Weltmachtstellung Deutschlands mit Hilfe einer starken Flotte.

Der Imperialismus

DEFINITION Imperialismus ist die Politik einer Nation, die ihre Macht durch den Erwerb und die Ausbeutung von Kolonien weltweit ausweitet. Diese Politik, die verstärkt in den letzten Jahrzehnten des 19. Jahrhunderts und bis zum Ersten Weltkrieg betrieben wurde, ist meistens mit einem ausgeprägten Sendungsbewusstsein (kulturelle, politische, ethnische Überlegenheit) verbunden. Der Imperialismus ist im Gegensatz zum Kolonialismus geprägt von einem zielgerichteten, hohen staatlichen und gesellschaftlichen Engagement.

Für die imperialistische Politik gab es eine Reihe von **Ursachen und Bestimmungsfaktoren**. Dazu gehören:
- Erschließung neuer Absatzmärkte
- Versorgung mit billigen bzw. kostenlosen Rohstoffen
- Ablenken von inneren Spannungen
- außenpolitischer Prestigegewinn
- strategische Überlegungen
- Sendungsbewusstsein und pseudowissenschaftliche Thesen (z. B. Sozialdarwinismus)
- Populationsventil: Das Problem der rasch steigenden Bevölkerung eines Landes konnte durch die Entsendung von Soldaten, Verwaltungsbeamten und durch die Schaffung privater, aber staatlich geförderter Handelsunternehmen verringert werden.

IMPERIALISTISCHE POLITIK betrieben mit Ausnahme von Österreich-Ungarn alle europäischen Großmächte:
- Großbritannien ebenso wie Frankreich vorwiegend in Afrika und Asien
- Russland in Sibirien und Nordchina
- Italien in Nordafrika (Abessinien, Tripolis)
- Belgien in Afrika (Kongo)
- Deutschland in Afrika und Asien (Deutsch-Südwest-, Deutsch-Ostafrika,Togo, Kamerun, ein Teil Neuguineas, die Marshall-Inseln sowie weitere Inseln im Südpazifik) und in China (Kiautschou). Träger der deutschen imperialistischen Politik waren vor allem die Deutsche Kolonialgesellschaft, der Alldeutsche Verband und der Flottenverein.

Auch außereuropäische Nationen betrieben imperialistische Politik: Die USA in Mittel- und Südamerika, im Pazifik und in China sowie Japan im Fernen Osten.

DER IMPERIALISMUS GROSSBRITANNIENS Großbritannien nutzte seine staatliche und privatunternehmerische imperialistische Politik sehr zielgerichtet, um seine Macht weltweit auszubauen („Greater Britain"). Wichtige Stationen waren z. B. Indien, der Bau des Suez-Kanals (1869), der systematische Ausbau der Vorherrschaft in Afrika und Asien (Motto: Von Kapstadt bis Kairo; von Kairo bis Kalkutta), die Kontrolle des Mittelmeeres (Gibraltar, Malta, Zypern) und die Errichtung von militärischen Stützpunkten rund um die Welt.

AUSWIRKUNGEN DES IMPERIALISMUS Der Imperialismus prägte die Zeit zwischen 1870/80 und 1914 maßgeblich und trug auch durch folgende Auswirkungen wesentlich zum Ausbruch des Ersten Weltkriegs bei:

- Der Wettlauf um Kolonien führte zu Aufrüstung, Konkurrenz (z. B. Faschoda-Krise 1898 zwischen Großbritannien und Frankreich) und politischen Spannungen.
- Der Imperialismus prägte die internationale Politik.
- Er schuf die Atmosphäre für den Ersten Weltkrieg.
- Er bestimmte die Art der Kriegsführung („Kreuzzugscharakter") und den Frieden (Pariser Verträge).
- Verstärkter Nationalismus und Chauvinismus.

Der Erste Weltkrieg

NEUE BÜNDNISKONSTELLATIONEN Die Außen- und Flottenpolitik Wilhelms II. isolierte das Deutsche Reich und führte dazu, dass sich die Bismarck'sche Bündnispolitik ins Gegenteil verkehrte: Großbritannien und Frankreich näherten sich an und schlossen 1904 ein Bündnis, die **Entente cordiale**. Die enge Bindung des Deutschen Reichs an Österreich und Wilhelms ungeschickte Außenpolitik bewirkten 1907 ein britisch-französisch-russisches Bündnis, die **Triple Entente**. Den **„Mittelmächten"** (Deutsches Reich, Österreich-Ungarn und Italien) standen die **„Ententemächte"** (Großbritannien, Frankreich und Russland) gegenüber. In Deutschland sah man diese Entwicklung als „böswillige Einkreisung" an.

KRISEN IM VORFELD Die Rivalität der Großmächte, ausgelöst durch den Wettlauf um Kolonien, ein ausgeprägtes Konkurrenzdenken, Aufrüstung, Prestigepolitik und Chauvinismus verschärften die machtpolitischen Gegensätze.

Europäische Bündnissysteme 1914

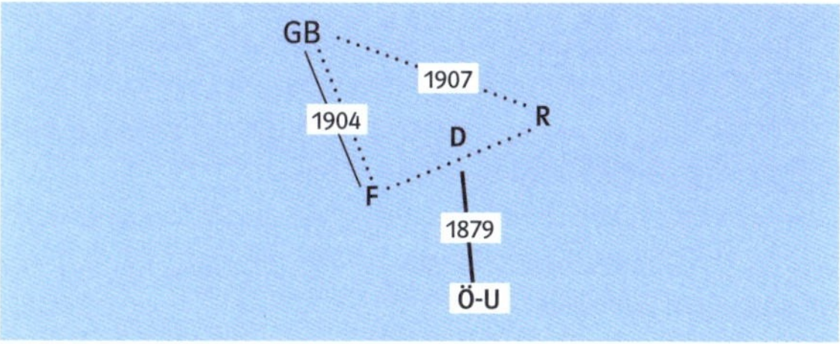

Zahlreiche Krisen und Konflikte schufen die feindselige Atmosphäre des Ersten Weltkriegs:

Die 1. Marokkokrise: 1905 wandten sich Reichskanzler von Bülow und Wilhelm II. gegen den wachsenden Einfluss Frankreichs in Marokko. Der Kaiser reiste nach Tanger, betonte die Unabhängigkeit Marokkos von Frankreich und löste eine Krise aus. Wilhelms II. ungeschicktes Auftreten isolierte Deutschland und die Konferenz von Algeciras bestätigte den französischen Einfluss.
Die 1. Balkankrise: 1908/09 annektierte Österreich-Ungarn das unter türkischer Oberhoheit stehende Bosnien-Herzegowina. Das Deutsche Reich unterstützte Österreich-Ungarn, Russland rückte noch näher an Großbritannien und Frankreich.
Die 2. Marokkokrise: 1911 schlug Frankreich einen marokkanischen Aufstand nieder. Wilhelm II. löste die 2. Marokkokrise aus, als er das Kanonenboot „Panther" nach Agadir schickte („Panthersprung nach Agadir"). Diese Drohgebärde veränderte nichts, verschärfte aber die bestehenden Konflikte und führte zur Hochrüstung.
Die 2. Balkankrise: 1912 verbündeten sich Bulgarien, Serbien, Montenegro und Griechenland und eroberten

die europäischen Gebiete der Türkei. Streitigkeiten unter den Siegern führten zum 2. Balkankrieg. Der Balkan wurde immer mehr zum „Pulverfass", da slawische Nationalbewegungen sowie die gegensätzlichen Interessen der konkurrierenden Großmächte Russland und Österreich-Ungarn die Situation zuspitzten.
Der Mord von Sarajewo: Am 28.6.1914 wurden der österreichische Thronfolger Franz Ferdinand und seine Frau in Sarajewo offensichtlich mit Duldung der serbischen Regierung von einem Mitglied einer serbischen Untergrundorganisation „Schwarze Hand" ermordet. Trotz eines österreichischen Ultimatums an Serbien, das dieses weitgehend annahm, erklärte Österreich Serbien am 28. Juli den Krieg. Da nun auch Russland und das Deutsche Reich mobil machten, war der Krieg unvermeidbar.

DIE KRIEGSSCHULDFRAGE Nach dem Attentat von Sarajewo waren Kaiser Franz Joseph I. und die Mehrheit der österreichischen Politiker im Gegensatz zu den Generälen gegen ein militärisches Vorgehen gegen Serbien, da die Beteiligung des serbischen Staates am Attentat nicht nachzuweisen war und man befürchtete, dass sich eine militärische Auseinandersetzung zu einem europäischen Krieg ausweiten könnte. Wilhelm II. bestärkte jedoch die Militärs durch seinen **„Blankoscheck"** (5. Juli), in dem er Österreich-Ungarn seine bedingungslose Bündnistreue auch für den Fall eines Krieges gegen Serbien erklärte. In den folgenden Tagen übte er stärkeren Druck aus, indem er u. a. Franz Joseph mitteilen ließ, dass „mit einer Aktion gegen Serbien" aufgrund der günstigen Situation nicht mehr gewartet werden solle; Russland sei nicht kriegsbereit und zu schwach, um für Serbien in den Krieg zu ziehen. Deshalb würde er es nicht verstehen, wenn Österreich-Ungarn „die gegebene Situation" vorübergehen ließe, „ohne einen Schlag zu führen". Das mit ihm abgesprochene und als unannehmbar angesehene Ultimatum Österreichs an Serbien (23. Juli) sollte den Krieg auslösen. Obwohl Serbien das Ultimatum weitgehend annahm und Wilhelm nun keinen Kriegsgrund mehr sah, übte er keinen Druck auf seinen Bündnispartner aus, die Mobilmachung rückgängig zu machen und von einer Kriegserklärung an Serbien abzusehen. Da auch England und Frankreich nicht energisch genug auf Österreich-Ungarn und Russland einwirkten, haben alle Großmächte eine Teilschuld unterschiedlichen Ausmaßes. Die Frage der Kriegsschuld wurde nach dem Ersten Weltkrieg politisch und fachwissenschaftlich kontrovers diskutiert.

DER KRIEGSVERLAUF

ZEITLEISTE

1914	Große nationale Begeisterung auf allen Seiten; rasches Vordringen der deutschen Truppen durch Belgien („Schlieffen-Plan") bis zur Marne; der Bewegungskrieg wird zum Stellungskrieg; entscheidender Sieg im Osten bei Tannenberg.
1915	Materialschlachten, massiver Einsatz von Soldaten und neuen Waffen (Artillerie, Gas, Panzer, Flugzeuge, U-Boote) bestimmen jetzt den Krieg und bringen riesige Verluste auf beiden Seiten (Verdun, Somme).
1916	Desillusionierung im Deutschen Reich; der Krieg und Missernten führen zu Hungersnöten und staatlicher Zwangswirtschaft.

1917 U-Boot-Krieg. SPD, Zentrum, die Liberalen und die Nationalliberalen fordern einen „Verständigungsfrieden". Durch den Kriegseintritt der USA wird aus dem europäischen Krieg ein Weltkrieg. Es kommt zur entscheidenden militärischen Wende. Nach der russischen Oktoberrevolution übernehmen die Bolschewiken unter Lenin und Trotzki die Macht.

1918 „Diktatfriede" von Brest-Litowsk zwischen dem Deutschen Reich und Russland; der Abfall der Verbündeten und die Sommeroffensive der Westmächte erzwingen die bedingungslose Kapitulation des Deutschen Reichs (Compiègne, 11. 11. 1918).

FOLGEN DES ERSTEN WELTKRIEGS Der Erste Weltkrieg mit seinen große Zerstörungen (Lothringen, Elsass) und bisher noch nie da gewesene **Menschen- und Materialverlusten** bewirkte den Zusammenbruch des bisherigen europäischen Staatensystems. Fast alle Monarchien und vier Imperien gingen unter (Deutsches Reich, Österreich-Ungarn, das Zarenreich und das Osmanische Reich). Sie hinterließen zahlreiche ungelöste Probleme bzw. schufen neue politische, territoriale und ethnische.
So verschlechterte die Kriegswirtschaft die wirtschaftliche Situation in Deutschland und trug zur **Inflation** von 1923 bei. Die politischen Ereignisse förderten die Entstehung rechter bzw. rechtsradikaler Gruppen, Parteien und Verbände; die emotionalisierende **Dolchstoßlegende** und der problematische **Versailler Vertrag** belasteten die Weimarer Republik.

3 Die Weimarer Republik

Die Entstehung der Weimarer Republik

Die innenpolitische Situation 1916–1918

- Ausgangsbedingungen → **S. 64**
- Militärdiktatur der OHL → **S. 64**
- Waffenstillstandsforderung der OHL → **S. 65**
- Die Oktoberverfassung → **S. 65**
- Das Kriegsende → **S. 66**
- Verlauf der Novemberrevolution 1918 → **S. 66**
- Die Bewertung der Revolution → **S. 68**

Die Etablierung der Republik

- Der Rat der Volksbeauftragten → **S. 68**
- Der Ebert-Groener-Pakt → **S. 69**
- Die Auswirkungen des Ebert-Groener-Pakts → **S. 70**

Die Weimarer Reichsverfassung

- Die Weimarer Koalition → **S. 71**
- Die Nationalversammlung → **S. 71**
- Die Weimarer Reichsverfassung → **S. 71**
- Schaubild der Weimarer Reichsverfassung → **S. 73**
- Nachteile und Schwächen der Verfassung → **S. 74**
- Parteien, Reichswehr, paramilitärische Organisationen → **S. 74**

Die innenpolitische Situation 1916–1918

AUSGANGSBEDINGUNGEN Die katastrophale Situation der Jahre 1916–1918 führte nicht zu einer nennenswerten Opposition. Die Gründe dafür waren:

- Der Verwaltungs- und Beamtenstaat der wilhelminischen Monarchie funktionierte gut.
- Sicherung der bürgerlichen Rechte.
- Die meisten Deutschen identifizierten sich mit den typisch deutschen Eigenschaften Ordnungssinn, Pflichterfüllung, Patriotismus.
- Der Reichstag hatte durch den **Burgfrieden** bei Kriegsbeginn (Beschluss aller Parteien, im nationalen Interesse auf parteipolitische Auseinandersetzungen zu verzichten) seine ohnehin geringen Oppositionsmöglichkeiten aufgegeben.
- Die Arbeiterschaft sah am Ausland, dass eine andere Staats- bzw. Herrschaftsform nicht automatisch eine Verbesserung ihrer Verhältnisse erzeugen würde.

MILITÄRDIKTATUR DER OHL Innerhalb von zwei Jahren änderte sich die politische Machtstruktur des Deutschen Reichs wesentlich. Entscheidend war jedoch, dass sich diese Veränderungen praktisch hinter den Kulissen ereigneten und die damit einhergehende Parlamentarisierung und Demokratisierung nicht ins Bewusstsein der Bevölkerung drang.

Der ausbleibende Kriegserfolg und die lange Kriegsdauer führten im August 1916 dazu, dass von Hindenburg und sein Stratege von Ludendorff den militärischen Oberbefehl gegen den Willen des Kaisers erhielten. Obwohl sich verfassungsmäßig nichts änderte, bedeutete dies de facto die Entmachtung des Kaisers. Die dritte Oberste

Heeresleitung (OHL) unter Hindenburg und Ludendorff bestimmte nun auch die Innen- und Außenpolitik. Das Deutsche Reich war de jure immer noch eine **konstitutionelle Monarchie**, de facto jedoch eine **Militärdiktatur**.

WAFFENSTILLSTANDSFORDERUNG DER OHL Hindenburg und Ludendorff wollten Ende September 1918 einen sofortigen Waffenstillstand, da sie die Aussichtslosigkeit der Lage erkannten. Die USA verlangten als Voraussetzung dafür jedoch eine deutsche Regierung auf demokratischer Grundlage. Deshalb wurden die Parteien „zur Machtübernahme befohlen" und bildeten unter dem parteilosen Prinz Max von Baden eine vom Parlament getragene Regierung. Das Deutsche Reich war nun eine **parlamentarische Monarchie**. Für das Volk hatte sich wiederum nichts Entscheidendes geändert: Auf einen Grafen als Kanzler war ein Prinz gefolgt.

DIE OKTOBERVERFASSUNG Die neue Regierung (3.10.–9.11.1918) hatte zwei wesentliche Ziele: Einen raschen und günstigen Waffenstillstand und eine neue Verfassung, die den veränderten politischen Strukturen Rechnung tragen sollte. Die Verfassung vom 28. Oktober hatte folgende wesentliche Bestimmungen:

- Abhängigkeit der Regierung vom Parlament.
- Einführung des allgemeinen, gleichen, geheimen und direkten Wahlrechts in Preußen.
- Ausübung der Kommandogewalt durch einen dem Parlament verantwortlichen Minister.

Dies bedeutete, dass der Kaiser nur noch eine repräsentative Funktion hatte. Mit dieser Entwicklung gaben sich das liberale Bürgertum und die SPD zufrieden. Die Abschaffung der Monarchie wollte außer den Linksradikalen niemand.

DAS KRIEGSENDE Trotz der sich deutlich abzeichnenden Niederlage herrschte in weiten Teilen der Bevölkerung eine verhängnisvolle Fehleinschätzung vor. Gründe hierfür waren der Sieg im Osten, die Tatsache, dass die deutschen Truppen noch im Ausland standen, die übertriebene Hoffnung auf einen milden Wilson-Frieden (Wilsons 14 Punkte vom Januar 1918) sowie die fehlende Bereitschaft der national Denkenden, die Niederlage zu akzeptieren.

Ende Oktober änderte die Oberste Heeresleitung (OHL) ihre Haltung radikal und propagierte nun den heroischen, wenngleich sinnlosen Widerstand bis zum Untergang. Als Max von Baden diesen Kurswechsel nicht mittrug, traten Hindenburg und Ludendorff zurück. Da die Regierung die Verantwortung des Kaisers und der OHL nicht deutlich machte, wurde sie völlig zu Unrecht mit dem Odium des verlorenen Krieges belastet. Die Demokratie musste „die Suppe auslöffeln“, die Kaiser und Militärs dem deutschen Volk eingebrockt hatten. Der Krieg wurde am 11. November durch die bedingungslose Kapitulation des Deutschen Reichs im Wald von Compiègne beendet.

VERLAUF DER NOVEMBERREVOLUTION 1918

ZEITLEISTE

28.10.	Erste Aufstände angesichts der militärischen Situation und wegen des sinnlosen Befehls an die Marine, gegen England auszulaufen.
29.10.	Erste Meutereien, Rückkehr der Flotte nach Wilhelmshaven.
31.10.	Die Meuterei greift auf Kiel über. Max von Baden bittet Wilhelm II. abzudanken.

01.11.	Die Matrosen fordern die Freilassung der Meuterer und disziplinäre Verbesserungen. Der Kaiser lehnt eine Abdankung ab.
03.11.	Erstes Blutvergießen bei einer Auseinandersetzung zwischen meuternden Matrosen und Militär in Kiel. Danach rasche Ausweitung der Revolution.
04.11.	Erstmals werden politische Forderungen gestellt: Sofortiger Waffenstillstand, Bildung von Räten, Rücktritt des Kaisers. Damit war die Revolution politisch geworden.
07.11.	Der bayerische König Ludwig III. tritt zurück, der Sozialist Kurt Eisner ruft in München die Räterepublik aus. Weitere Fürsten treten zurück. Ultimatum der SPD an Wilhelm II. binnen 24 Stunden abzudanken.
09.11.	Nach der Weigerung Wilhelms II. und dem Austritt der SPD aus der Regierung lässt Max von Baden über das Radio die Abdankung des Kaisers verkünden und überträgt das Amt an Friedrich Ebert (SPD). Um die Mittagszeit verkündet Philipp Scheidemann (SPD) in Berlin ohne Absprache mit seiner Partei die deutsche Republik, also die Abschaffung der Monarchie, um Karl Liebknecht (USPD) zuvorzukommen, der wenig später die „freie sozialistische Republik Deutschland" ausruft. Seine Parole lautet: „Alle Macht den Arbeiter- und Soldatenräten." Wilhelm II. dankt als Kaiser und preußischer König ab.

Problematisch war, dass aus der Sicht der meisten Deutschen im November 1918 eine Staatsform, die konstitutionelle Monarchie, praktisch von einer konträren, der **parlamentarischen Republik** abgelöst wurde. Die neue Staatsform und die neue Herrschaftsform (Demokratie) waren deshalb vielen suspekt, galten in weiten Kreisen der Bevölkerung als „undeutsch" und stießen auf wenig Gegenliebe.

DIE BEWERTUNG DER REVOLUTION Bis heute wird diskutiert, ob es sich bei der Novemberrevolution um eine wirkliche Revolution gehandelt hat. Vergleicht man sie mit den beiden klassischen Revolutionen, der Französischen (1789) und der russischen Oktoberrevolution (1917), so hat es sich aus folgenden Gründen nicht um eine Revolution im strengen Sinne gehandelt, obwohl sich der Begriff „Novemberrevolution" eingebürgert hat:

- Es gibt keine Ideologie als geistig-politisches Ziel.
- Die Revolution geht nicht vom Volk aus.
- Erhebliche soziale und politische Spannungen spielen als Anlass keine Rolle.
- Die Revolution ist ein Zufallsprodukt.
- Es wird zwar (erstmalig am 04. November) die Abdankung des Kaisers gefordert, eine tief greifende Veränderung des gesellschaftspolitischen Systems jedoch nur von einer kleinen Gruppe (USPD, Spartakus, KPD).
- Die Säulen der Monarchie (Militär, Verwaltung, Justiz) können ihre wichtige Funktion auch in der Weimarer Republik erhalten.
- Die Inhaber der politischen Macht in der Anfangszeit der Weimarer Republik, in erster Linie die SPD, führen die Revolution nicht bis zu ihrem möglichen Ende fort (vgl. den „Pakt mit den alten Mächten").

Die Etablierung der Republik

DER RAT DER VOLKSBEAUFTRAGTEN Am 10.11.1918 wählten die Berliner **Arbeiter- und Soldatenräte** die neue republikanische Regierung, den **Rat der Volksbeauftragten**. Er bestand aus je drei Mitgliedern der SPD und der USPD (Unabhängige Sozialdemokratische Partei

Deutschlands). Die neue Regierung und ihr Kontrollorgan, der Vollzugsrat, funktionierten von Anfang an nicht, da die Ziele der beiden Parteien zu unterschiedlich waren. Die SPD wollte Ruhe, Ordnung, Demokratie und dafür als Grundlage eine neue Verfassung, die USPD sah ihre Hauptziele in der Fortführung der Revolution und der Errichtung einer Räterepublik. Mitte Dezember 1918 übertrug die Reichskonferenz der Arbeiter- und Soldatenräte in Berlin dem Rat der Volksbeauftragten die exekutive und legislative Macht bis zur Wahl einer verfassunggebenden Volksversammlung am 19.1.1919. Damit war die Entscheidung für die Demokratie und gegen ein Rätesystem gefallen. Da die USPD-Mitglieder aus Protest aus dem Rat der Volksbeauftragten austraten, lag die gesamte Macht nun bei der SPD.

DER EBERT-GROENER-PAKT Am 10.11.1918 schlossen Friedrich Ebert und General Groener ein zeitlich begrenztes Zweckbündnis zwischen SPD und Militär. Beide Seiten verfolgten damit ihre eigenen Ziele: Das Militär wollte seine Macht im neuen Staat sichern, der SPD ging es darum, mit Hilfe des Militärs, der Verwaltung und der Justiz die Linksradikalen auszuschalten und die junge Republik zu stabilisieren. Wie problematisch dieses Zweckbündnis war, zeigen zahlreiche Ereignisse:

- Dezember 1918: Blutige Zusammenstöße verschiedener politischer Gruppen in Berlin, in die das Militär eingreift. Als Folge kritisieren Linksradikale und viele SPD-Mitglieder den Pakt zwischen Ebert und Groener massiv.
- 23./24. Dezember 1918: Der **Matrosenputsch** in Berlin wird vom Militär niedergeschlagen. Die USPD tritt aus Protest aus dem Rat der Volksbeauftragten aus.

- Ende Dezember 1918 initiierte der linksradikale Spartakusbund einen Aufstand in Berlin (**Spartakusaufstand**). Militär und Freikorps schlugen ihn brutal nieder und „säuberten" Berlin. Dabei wurden die führenden Sozialisten **Rosa Luxemburg** und **Karl Liebknecht** ermordet. Daraufhin entstanden in zahlreichen Städten Spartakusaufstände, die das Militär rigoros beendete.

DIE AUSWIRKUNGEN DES EBERT-GROENER-PAKTS Dieser Pakt mit den „alten", kaiserlichen Mächten hatte große langfristige Auswirkungen und brachte folgende Ergebnisse:

- Die SPD erhielt die Voraussetzungen, ihre politischen Ziele (gegen die Linksradikalen) durchzusetzen.
- Die Spannungen zwischen den Arbeiterparteien wurden unüberbrückbar.
- Die USPD wurde nach links abgedrängt und ging schließlich in der KPD auf.
- Die SPD verlor den Rückhalt an der Parteibasis.

Dieser Pakt wird teilweise als wesentlich für den Untergang Weimars angesehen. Angesichts der Alternative Räterepublik oder Demokratie und angesichts der zahlreichen Probleme, die die neue Regierung zu bewältigen hatte (Rückführung der Truppen, Wiedereingliederung der Soldaten, Umstellung von Kriegs- auf Friedenswirtschaft, Versorgung der Bevölkerung, Eindämmung des Radikalismus) war ein anderer Weg für die SPD jedoch nicht gegeben.

Die Weimarer Reichsverfassung

DIE WEIMARER KOALITION In den Wahlen vom 19.1.1919 setzten sich die staatstragenden Parteien SPD, Zentrum und DDP (Weimarer Koalition) mit ca. 75 % der Stimmen durch. Dieses Ergebnis täuscht, da viele antidemokratisch Gesinnte aus Angst vor „russischen Verhältnissen" zunächst diejenigen Parteien wählten, von denen sie stabilere Verhältnisse erwarteten. 1920 erreichten diese Parteien nur noch ca. 43 %.

DIE NATIONALVERSAMMLUNG Anfang Februar begann die Nationalversammlung ihre Arbeit in Weimar, an der Wirkungsstätte von Goethe und Schiller, vor allem aber, weil es dort im Vergleich zum brodelnden Berlin ruhig zuging. Am 11. Februar wurde Ebert zum Reichspräsidenten gewählt, am selben Tag berief er Philipp Scheidemann (SPD) zum Kanzler. Ebert führte sein Amt trotz seines großen Einflusses mit parteipolitischer Distanz.

DIE WEIMARER REICHSVERFASSUNG Die Erarbeitung der Verfassung war kompliziert, da zahlreiche Probleme zu berücksichtigen waren:

- Der Ausfall der monarchischen Spitze.
- Die Neuverteilung der Macht.
- Das Volk war an Demokratie nicht gewöhnt, viele waren ausgesprochen antidemokratisch.
- Aktuelle Probleme (neues Wahlrecht, Rolle der Parteien, Verhältnis Länder-Reich).

Die Weimarer Reichsverfassung, die als die liberalste Verfassung ihrer Zeit galt, war in zwei Hauptteile gegliedert: Art. 1–108: Aufbau und Aufgaben des Reichs, Art. 109–165: Grundrechte und Grundpflichten.

Sie hatte folgende wesentliche **Elemente**:

- Das Volk: Inhaber der Souveränität, wählt Reichstag, Reichsrat und den Reichspräsidenten, Mitwirkung an der Legislative durch Volksentscheide. Insgesamt große Bedeutung.
- Reich und Länder: Aus Staaten werden Länder (= Souveränitätsverlust), Reichsrecht bricht Landesrecht, Interessenvertretung der Länder ist der Reichsrat.
- Der Reichspräsident: Höchster Repräsentant des Staates, an Gesetzgebung per Art. 48 (Notverordnung) beteiligt, ernennt und entlässt die Regierung, militärischer Oberbefehlshaber, Diktator auf Zeit, Recht der Reichsexekution (Vorgehen gegen ein Land mit militärischer Gewalt), Amtszeit 7 Jahre, beliebig oft wieder wählbar. Insgesamt: Höchste Machtfülle („Ersatzkaiser").
- Parteien, Wahlrecht: Parteien sind in der Verfassung nicht verankert. Allgemeine, gleiche, geheime, direkte Wahl, reines Verhältniswahlrecht ohne Sperrklauseln.
- Der Reichstag: Zentrales Organ, hat die Gesetzesinitiative, kontrolliert die Regierung (Misstrauensvotum), entscheidet über Krieg und Frieden. Insgesamt starke Stellung.
- Der Reichsrat: Schwache Mitwirkung an der Legislative (suspensives Veto). Geringe Bedeutung.
- Die Reichsregierung: Schwache Position, da doppelt abhängig von Reichspräsident und Reichstag.
- Die Grundrechte sind schwächer als heute, da sie nicht vorstaatlich sind. In Weimar gilt: Grundrechte nach Maßgabe der Gesetze. (Heute: Gesetze nach Maßgabe der Grundrechte).

Die Weimarer Reichsverfassung wird häufig als eine wesentliche Ursache des Scheiterns der ersten deutschen

Demokratie angesehen, da sie für Krisenzeiten nicht stabil genug war. Entscheidend war jedoch, dass die Mehrheit der Deutschen demokratieunwillig war. Unabhängig davon sind strukturelle Schwächen unübersehbar, die dazu führten, dass der Ausnahmefall zum Normalfall wurde.

Schaubild der Weimarer Reichsverfassung

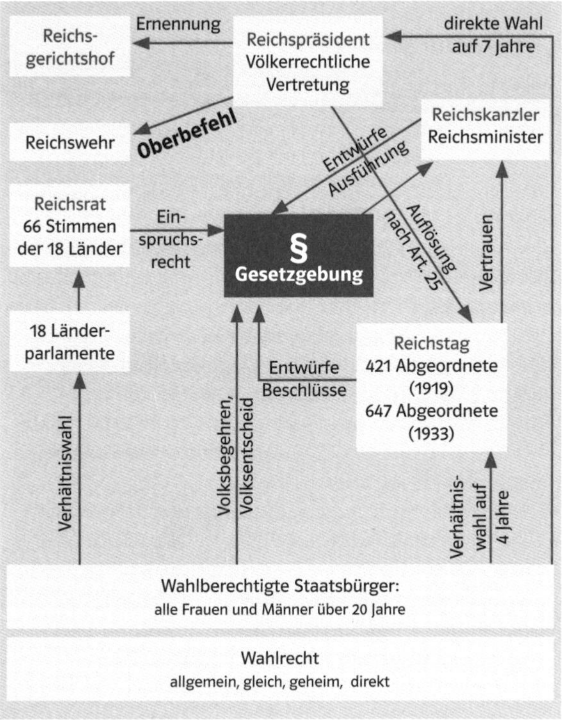

Nachteile und Schwächen der Verfassung

- Spaltung der Legislative (Reichspräsident, Reichstag, Reichsrat, Volk)
- Reichspräsident ist „Ersatzkaiser“
- Reichstag zu stark gegenüber der Regierung
- Regierung doppelt abhängig
- Parteien nicht verankert
- reines Verhältniswahlrecht
- kein Verfassungsschutz

→ beeinflussen die Weimarer Republik in Krisenzeiten ←

PARTEIEN, REICHSWEHR, PARAMILITÄRISCHE ORGANISATIONEN Die Parteienlandschaft der Weimarer Republik war aufgrund des reinen Verhältniswahlrechts und fehlender Sperrklauseln sehr groß. 1930 gab es im Reichstag zehn Parteien mit mehr als 5 %. Die wichtigsten **Parteien** zwischen 1919 und 1933 waren:

- Die **Kommunistische Partei Deutschlands** (KPD): Reine Klassenpartei, völlig von Moskau abhängig; Ziele: Weltrevolution, Diktatur des Proletariats, Räterepublik; staatsfeindlich; außer in Krisenzeiten keine unmittelbare Gefahr für Weimar.
- Die **Sozialdemokratische Partei Deutschlands** (SPD): Überwiegend Arbeiterpartei; Ziele: Demokratische Republik, Reformpolitik statt Revolution; staatstragend; stärkster Machtfaktor der Weimarer Republik.
- Die **Deutsche Demokratische Partei** (DDP): Partei des liberalen Bürgertums; Verfassungspartei, staatsbejahend; kontinuierlicher Wählerverlust.

- Das **Zentrum** (Z): Politische Interessenvertretung des Katholizismus; Wähler aus allen Schichten; staatstragend; stabilste Partei Weimars, an allen Regierungen beteiligt zwischen 1919 und 1932.
- Die **Bayerische Volkspartei** (BVP): Katholische Landespartei; betont Eigenständigkeit Bayerns, ist antigewerkschaftlich und antipreußisch; Ablehnung der Republik.
- Die **Deutsche Volkspartei** (DVP): Partei des Besitzbürgertums; Ziele: machtvoller Staat, starke nationale Außenpolitik, Betonung der Volksgemeinschaft; unter ihrem Vorsitzenden Stresemann (bis 1929) überwiegend staatstragend, dann rascher Zerfall.
- Die **Deutschnationale Volkspartei** (DNVP): Sammlungspartei rechtsstehender Gruppierungen; bestimmend: ostdeutsche Großagrarier, westdeutsche Industrielle, nationalistisch eingestellte Mittelschicht; Ziele: rigorose Bekämpfung der Republik und der Demokratie; monarchisch, preußisch; fordert Großmachtpolitik; meist strikt staatsablehnend.
- Die **Nationalsozialistische Deutsche Arbeiterpartei** (NSDAP): Mitglieder kommen aus allen Schichten des Volkes, jedoch meist aus dem Mittel- und Kleinbürgertum; Ziele: totale Umstrukturierung des Staats nach Übernahme der Macht, Schaffung des Dritten Reichs; extrem staatsablehnend; bis 1929 relativ unbedeutend.

Die **Reichswehr** ging am 10.11.1918 ein Bündnis mit der neuen Staatsautorität ein, um ihre Bedeutung zu erhalten. Sie betonte ihren unpolitischen Charakter, zeigte Staat und Regierung gegenüber jedoch nur eine geringschätzige Loyalität. (s. Kapp-Putsch, S. 82). In der Endphase Weimars versuchte die Reichswehrführung zur Stabilisierung beizutragen. Die Truppen verstanden diesen Kurs nicht, sahen ihn als Verrat an der „nationalen Sendung" an und trugen ihn nur widerwillig mit. Insgesamt blieb die Reichswehr, von 1918/19 abgesehen, für alle Regierungen ein Unsicherheitsfaktor, ein in Krisenzeiten eher destabilisierendes Element.

Neben den Parteien entwickelten sich **paramilitärische Organisationen**, die das gesellschaftspolitische Leben wesentlich mitbestimmten. Die wichtigsten waren:

- Der **Rote Frontkämpferbund**: linksradikal, Kampftruppe der KPD.
- Das **Reichsbanner Schwarz-Rot-Gold**: offiziell überparteilich; staatsbejahend, deshalb Kampforganisation der staatstragenden Parteien.
- Der **Stahlhelm** („Bund der unbesiegt heimgekehrten Frontsoldaten"): offiziell überparteilich, jedoch der DNVP nahe stehend; Sammelbecken des militanten Nationalismus der bürgerlichen Rechtsparteien.
- Die **Sturmabteilung** (SA): rechtsradikale, gewaltbereite Kampftruppe der NSDAP.

Die frühen Jahre der Weimarer Republik

QUICK-FINDER

Der Versailler Vertrag

- Das Problem des Friedensschließens ➛ **S. 78**
- Die wesentlichen Inhalte des Versailler Vertrags ➛ **S. 78**
- Belastende Bestimmungen ➛ **S. 79**
- Die Beurteilung des Versailler Vertrags ➛ **S. 81**

Innenpolitische Belastungen der Anfangsjahre

- Die Münchner Räterepublik ➛ **S. 81**
- Der Kapp-Putsch ➛ **S. 82**
- Kommunistische Aufstände ➛ **S. 83**
- Mord als politisches Mittel ➛ **S. 83**

Das Krisenjahr 1923

- Der Ruhrkampf ➛ **S. 83**
- Die Inflation ➛ **S. 84**
- Der Separatismus ➛ **S. 85**
- Der Hitler-Putsch ➛ **S. 85**

Der Versailler Vertrag

DAS PROBLEM DES FRIEDENSSCHLIESSENS Vier Kernbereiche mit zahlreichen politischen, territorialen und ideologischen Problemen erschwerten den Friedensschluss und führten dazu, dass der Versailler Vertrag zwischen den Siegern und dem Deutschen Reich von allen Beteiligten als unbefriedigend angesehen wurde:
Der **Weltkrieg** hatte ungeheure Verluste gebracht. Es gab keine neutrale, mäßigende Nation als Schiedsinstanz. Alle Staatsmänner standen gegenüber ihren Völkern unter einem ungeheuren Erfolgszwang. Zusätzlich machten Nationalismus, Chauvinismus und der Kreuzzugscharakter des Krieges sachliche Entscheidungen sehr schwierig bzw. unmöglich. Der Weltkrieg musste durch einen komplizierten **Weltfrieden** beendet werden, wobei Wichtigkeit und Bedeutung einzelner Probleme umstritten waren. Interessensphären überschnitten sich und die Schaffung neuer, unabhängiger Staaten in Ost- und Südosteuropa löste die territorialen und ethnischen Probleme (z. B. des Balkans) nicht, sondern schuf neue. Das **Friedensprogramm** war bestimmt von dem starken Gegensatz zwischen Machtpolitik alter Prägung (z. B. möglichst große territoriale Gewinne, weitestgehende Schwächung des Besiegten) und neuer Ideologie (z. B. Wilsons 14 Punkte). Auch die Zerstrittenheit der **Siegerkoalition** trug zur Problematik der Pariser Vorortverträge (Siegermächte mit dem Deutschen Reich zu Versailles; mit Österreich zu St. Germain-en-Laye; mit Ungarn zu Trianon; mit der Türkei zu Sèvres) bei.

DIE WESENTLICHEN INHALTE DES VERSAILLER VERTRAGS
Die deutsche Regierung lehnte den Friedensvertrag zu-

nächst entschieden ab. Nach einem Ultimatum der Sieger (Annahme oder sofortige Besetzung Deutschlands) und nach erbitterten Debatten im Reichstag setzte sich die Ansicht durch, man müsse den Vertrag wohl oder übel akzeptieren, um Schlimmeres von Deutschland abzuwenden. Der am 28.6.1919 unterzeichnete Versailler Vertrag enthielt folgende wesentliche Bestimmungen:

- Militärische Bestimmungen: Entwaffnung und Abrüstung des Heeres auf 100 000 Mann, der Marine auf 15 000; Entmilitarisierung und Besetzung des Rheinlands.
- Reparationen (Festlegung bis 1921).
- Die Artikel 228 und 231: Art. 228 bezeichnete den Kaiser als Kriegsverbrecher und verlangte dessen Auslieferung. Art. 231 konstatierte die alleinige Kriegsschuld Deutschlands und seiner Verbündeten (als juristische Grundlage der Reparationsforderungen).
- Gebietsverluste:
  - Eupen-Malmedy an Belgien
  - Saargebiet: 15 Jahre unter Völkerbundsverwaltung und französischer Besatzung
  - Elsass-Lothringen an Frankreich
  - Hultschiner Ländchen an Tschechoslowakei
  - Oberschlesien, Posen und Westpreußen an Polen
  - Memelland an Litauen
  - Danzig wird als „Freie Stadt" aus dem Reichsverbund gelöst und wirtschaftlich eng mit Polen verbunden
  - Nordschleswig an Dänemark.

BELASTENDE BESTIMMUNGEN Die einzelnen Bestimmungen des Versailler Vertrags wurden in Deutschland sehr unterschiedlich aufgenommen. Unproblematisch war der Verlust von Eupen-Malmedy (überwiegend belgische Bevölkerung), des nördlichen Schleswig (überwiegend dänische Bevölkerung), des Hultschiner Ländchens (geringe Größe) und von Elsass-Lothringen (erwartete Abtretung an Frankreich). Andere Bestimmungen erwiesen sich als langfristige Belastungen:

- Westpreußen, Oberschlesien und Danzig galten als „ur- deutsch". Zudem wurde die Entstehung des polnischen Korridors als völlig inakzeptabel angesehen.
- Ostoberschlesien wurde 1921 trotz einer vom Völkerbund festgelegten Volksabstimmung (Ergebnis: Verbleib beim Deutschen Reich) an Polen abgetreten.
- Für alle national Denkenden und für die rechten Parteien war die Abrüstung des Heeres auf 100 000 Mann eine Schmach und unvereinbar mit der Größe des Reichs.
- Der Kriegsverbrecherartikel (228) und der Kriegsschuldartikel (231) wurden als Beleidigung des ganzen Volkes und als „moralische Ächtung" angesehen, da die Deutschen immer noch von der „Einkreisung" durch neidische Mächte ausgingen.
- Die **Dolchstoßlegende**, die sich zwar nicht aus dem Vertrag ergab, aber immer im Zusammenhang mit ihm genannt wurde, überlagerte die Ablehnung des Versailler Vertrags. Sie besagte (laut Hindenburg) sinngemäß, dass das „im Felde unbesiegte" deutsche Heer feige von „hinten", d. h. von kriegsunwilligen, pazifistischen Verrätern in der Heimat „erdolcht" worden sei. Diese Schuldzuweisung richtete sich gegen die linken Parteien, die eine Beendigung des Krieges gefordert hatten und wurde bald verallgemeinert und auf alle staatstragenden Parteien bzw. auf die Demokratie bezogen.

- Die Reparationen, die 1921 erstmalig konkretisiert wurden, waren zunächst völlig überzogen, wurden zudem (bis Mitte der 20er Jahre) von Frankreich politisch missbraucht und verschärften die Spannungen zwischen Frankreich und dem Deutschen Reich immer wieder.

DIE BEURTEILUNG DES VERSAILLER VERTRAGS Der Versailler Vertrag wurde in der Weimarer Republik von allen Parteien und von der Bevölkerung allgemein als ungerecht, überhart und fehlerhaft angesehen. Er galt als „Schmachfriede", als „Karthagofriede", als **„Diktatfriede"**. Seine ungeheure emotionalisierende Wirkung verhinderte eine sachliche Auseinandersetzung mit seinen Bestimmungen und eine halbwegs objektive Einschätzung. Er wurde deshalb zu dem entscheidenden propagandistischen Kampfmittel der Rechten gegen den Staat, gegen das „demokratische System".
Seit 1945 ist die Beurteilung gemäßigter. Hierbei spielt nicht nur die zeitliche Distanz, sondern vor allem der Vergleich mit dem Ende des Zweiten Weltkriegs die entscheidende Rolle. Der Versailler Vertrag hatte vergleichsweise geringe territoriale Verluste gebracht, nicht zur Besetzung geführt und Deutschland die Chance gelassen, auf lange Sicht Großmacht zu bleiben.

Innenpolitische Belastungen der Anfangsjahre

DIE MÜNCHNER RÄTEREPUBLIK Am 7.11.1918 rief Eisner (USPD) in München eine Räterepublik, den „Freien Volksstaat Bayern", aus. Er strebte keine wirkliche Räterepublik, sondern eine parlamentarische Regierungsform an. Als er die Landtagswahl verlor, trat er zurück, wurde aber am selben Tag (21.2.1919) von dem rechtsradikalen Leutnant Graf Arco-Valley ermordet. Dies löste eine Revolutionswelle in Bayern aus, die neu gewählte Regierung Hoffmann (SPD) verlegte ihren Amtssitz ins ruhige Bamberg. Am 7. April riefen Erich Mühsam und Gustav Landauer eine Räterepublik aus, die keinerlei Bedeutung erlangte. Am 13.4.1919 entstand eine zweite Räterepublik nach kommunistischem Vorbild, die von Regierungstruppen zweieinhalb Wochen später beseitigt wurde.

DER KAPP-PUTSCH Im Osten Deutschlands hielten sich **Freikorps** (ehemalige Berufssoldaten mit nationalistischer, rechtsradikaler Einstellung) und sahen sich als politische Ordnungsmacht. Am 13.3.1920 besetzte die Marinebrigade Ehrhardt unter General von Lüttwitz Berlin. Der reaktionäre Politiker Kapp (DNVP) erklärte die Regierung für abgesetzt und berief sich zum neuen Kanzler. Unterstützung erhielt er von den Großgrundbesitzern östlich der Elbe. Die SPD rief zu einem Generalstreik in Berlin auf und der Putsch scheiterte nach vier Tagen, da er schlecht vorbereitet und dilettantisch durchgeführt worden war und weil sich die Reichswehr neutral verhielt (General von Seeckt: „Truppe schießt nicht auf Truppe“). Der Kapp-Putsch war in vielerlei Hinsicht symptomatisch:

- Er zeigte die Unzufriedenheit weiter Kreise mit den politischen Verhältnissen,
- dokumentierte die von nun an permanente Bedrohung des Staats von rechts sowie die Unzuverlässigkeit der Reichswehr und
- verstärkte das Selbstbewusstsein der Rechten.
- Die sehr milde Ahndung der im Zusammenhang mit dem Kapp-Putsch begangenen Verbrechen zeigte die Problematik des „Pakts mit den alten Mächten“.

KOMMUNISTISCHE AUFSTÄNDE Als Reaktion auf den Kapp-Putsch bildete sich im Ruhrgebiet eine kommunistische Rote Armee, die einige Großstädte besetzte. Zwischen ihr und der Reichswehr kam es zu heftigen Kämpfen. Auch im sächsisch-thüringischen Grenzgebiet bekämpften sich bewaffnete kommunistische Gruppen und die Reichswehr erbittert. In zahlreichen Großstädten brachen kommunistische Aufstände aus, die zu bürgerkriegsähnlichen Zuständen führten. Sie wurden ausnahmslos von der Reichswehr mit Waffengewalt niedergeschlagen.

MORD ALS POLITISCHES MITTEL Politische Morde wurden von Soldaten, vor allem von ehemaligen Freikorpssoldaten verübt. Sie waren beruflich und gesellschaftlich in einer schlechten Situation, lehnten den neuen Staat ab bzw. bekämpften das „System" mit allen Mitteln, auch mit dem des politischen Mordes. Sie ermordeten z. B. Rosa Luxemburg und Karl „ Kurt Eisner, Mathias Erzberger und Walter Rathenau. Gedeckt und finanziert wurden sie oft von Vertretern des Großkapitals und von Großgrundbesitzern. Rechtslastige Richter verurteilten sie milde bzw. sprachen sie nicht selten frei.

Das Krisenjahr 1923

DER RUHRKAMPF Die hohen Reparationsforderungen verschärften die Spannungen zwischen Deutschland und Frankreich. Kanzler Cuno leitete eine Abkehr von der „Erfüllungspolitik" ein, der französische Ministerpräsident Poincaré drohte, produktive Pfänder (Bergwerke, Industrieanlagen etc.) zu nehmen. Im Januar 1923 besetzten französische und belgische Truppen das Ruhrgebiet. Cuno stellte alle Reparationsleistungen ein und propagierte den passiven Widerstand. Poincaré reagierte mit harten Maßnahmen (Beschlagnahmung von öffentlichen Kassen und Reichsbankfilialen, Zollgrenze zum restlichen Deutschland). Die Gewalt eskalierte, „nationale“ Kreise begannen einen Sabotagekrieg, die französischen Truppen griffen rigoros durch. Im Sommer 1923 wurde die Aussichtslosigkeit des Ruhrkampfes deutlich, die Regierung Cuno stürzte und Gustav Stresemann beendete als Kanzler einer großen Koalition (SPD, DDP, Z, DVP) den wirtschaftlich ruinösen Ruhrkampf.

DIE INFLATION Die Inflation hatte zahlreiche Ursachen im Ersten Weltkrieg und im Versailler Vertrag. Entscheidend war jedoch der ruinöse Ruhrkampf. Im Sommer 1923 begann die Inflation zu galoppieren und eine Flucht in Sachwerte setzte ein. Die Versorgung der Bevölkerung mit Lebensmitteln wurde immer problematischer. In dieser Situation bekämpfte Stresemann die Inflation zielgerichtet mit folgenden Maßnahmen:

- Einsetzung eines Reichswährungskommissars.
- Schaffung einer neuen Währung (Rentenmark).
- Fiktive Deckung dieser Währung durch eine staatliche Grundschuld auf Handel, Industrie, Banken etc. Entscheidend war, dass Stresemanns Anti-Inflationsprogramm so viel Vertrauen einflößte, dass die Bevölkerung die Rentenmark annahm.

Die Inflation

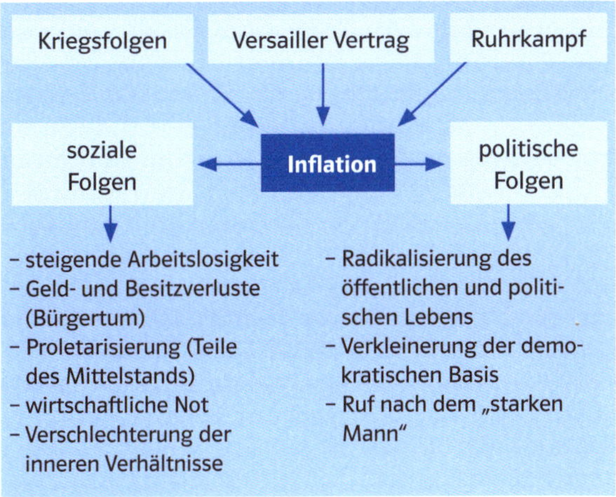

DER SEPARATISMUS Ruhrkampf und Inflation verstärkten separatistische Bestrebungen in der Pfalz und im Rheinland.
Im Oktober, auf dem Höhepunkt der Inflation, entstanden, von Frankreich protegiert, die Rheinische Republik und die Autonome Pfalz. Beide existierten nicht lange, da die Überwindung der Inflation ihnen die Grundlage entzog. **Die Rheinische Republik** endete im November 1923, die **Autonome Pfalz** ging im Februar 1924 endgültig unter.

DER HITLER-PUTSCH Bayern war das Zentrum der antidemokratischen und rechtsradikalen Gruppierungen, Bewegungen und Parteien. Diese sahen Bayern als „Ord-

nungszelle des Reichs“ an und forderten den „Sturm auf die Republik“, den „Marsch nach Berlin“.
Ende September verhängte die bayerische Regierung den Ausnahmezustand über Bayern und ernannte von Kahr zum Generalstaatskommissar. Stresemann verhängte daraufhin den Ausnahmezustand über ganz Deutschland und übertrug die vollziehende Gewalt an Reichswehrminister Gessler, der sie wiederum an die Wehrkreisbefehlshaber der Reichswehr übertrug. Damit wurde die Reichswehr (wie beim Kapp-Putsch) zum entscheidenden Faktor. Da der Reichsausnahmezustand in Bayern nicht anerkannt wurde, verhängte Ebert die Reichsexekution gegen Bayern. Von Seeckt lehnte diese allerdings ab, da sie in Bayern nicht durchführbar sei. Stattdessen wollte er von Ebert die Übertragung der Diktaturgewalt, was dieser jedoch ablehnte. Als das Gerücht aufkam, dass in Thüringen und Sachsen SPD/KPD-Regierungen entstünden, sah Hitler eine günstige Gelegenheit. In der Nacht vom 8. auf den 9. November zwang er im Münchner Bürgerbräukeller den Chef der bayerischen Polizei, Seisser, und den Kommandeur der Reichswehr in Bayern, von Lossow, seinen Putsch zu unterstützen. Er erklärte die Reichsregierung für abgesetzt und proklamierte eine neue **provisorische deutsche Nationalregierung**, der außer ihm, Seisser und Lossow auch noch von Ludendorff angehörte. Als er Seisser und Lossow freiließ, distanzierten sich diese sofort von ihm. Hitler sah seine letzte Chance darin, die Münchner Bevölkerung durch einen Marsch zur Feldherrnhalle hinter sich zu bringen. Der Marsch wurde von Seissers Polizei mit Waffengewalt gestoppt und Hitler wegen Hochverrats angeklagt. Er erhielt die Mindeststrafe von 5 Jahren, von denen er nur neun Monate in Landsberg am Lech verbüßte.

Außenpolitik und ruhige Jahre der Republik

QUICK-FINDER

Die Außenpolitik der Weimarer Republik

- Bedingungsfaktoren ➛ **S. 88**
- Der Vertrag von Rapallo ➛ **S. 88**
- Der Vertrag von Locarno ➛ **S. 89**
- Aufnahme Deutschlands in den Völkerbund ➛ **S. 90**
- Der Berliner Vertrag ➛ **S. 90**
- Die Beurteilung Stresemanns ➛ **S. 91**

Die ruhigen Jahre Weimars (1924–1929)

- Positive Entwicklungen ➛ **S. 91**
- Problematische Entwicklungen ➛ **S. 93**

Die Außenpolitik der Weimarer Republik

BEDINGUNGSFAKTOREN Auffallend ist die erstaunliche **Kontinuität** der Weimarer Außenpolitik zwischen 1919 und 1933. Ihre übergeordneten Ziele, die von allen Regierungen angestrebt wurden, waren die Gleichberechtigung Deutschlands und die Revision des Versailler Vertrags (Art. 228 und 231, Rückgewinnung der Ostgebiete, Räumung des Rheinlands, Streichung der Reparationen). Hierfür gab es zwei grundlegende Voraussetzungen: Bündnispartner mussten gefunden werden, um die außenpolitische Isolation zu durchbrechen, und eine Aussöhnung mit Großbritannien und Frankreich musste erreicht werden, um das Misstrauen der Alliierten zu verringern und ihr teilweise großes Sicherheitsbedürfnis (Frankreich) zu befriedigen.

DER VERTRAG VON RAPALLO 1921 schlug der britische Premierminister Lloyd George ein internationales Wirtschaftskonsortium vor, das den wirtschaftlichen Neuaufbau Mittel- und Osteuropas beschleunigen sollte. Hinter diesem Vorschlag stand die Absicht, die Wirtschaftshilfe für die UdSSR von politischen Zugeständnissen abhängig zu machen, um so Einfluss auf den kommunistischen Staat nehmen zu können. Über die Modalitäten des Lloyd-Plans sollte eine internationale Konferenz zu Genua entscheiden. Im Vorfeld der Konferenz kam es zu einer Verständigung zwischen der UdSSR und Deutschland, die beide außenpolitisch isoliert waren. Sie torpedierten die geplante Konferenz, indem sie vor ihrer Eröffnung zu Rapallo (Vorort von Genua) einen Vertrag bekannt gaben, der folgende Inhalte hatte:

- Die Vertragspartner verzichten auf alle Forderungen, die sich aus dem Krieg ergeben,
- sie intensivieren ihre Handelsbeziehungen,
- sie nehmen diplomatische Beziehungen auf und
- sie erteilen dem Lloyd-Plan bzw. ähnlichen Plänen eine diplomatisch formulierte, aber klare Absage.

Der Rapallo-Vertrag hatte für beide Vertragspartner eine große Bedeutung: Sie waren nun außenpolitisch nicht mehr isoliert, die UdSSR versprach sich wirtschaftliche Vorteile, Deutschland günstigere Voraussetzungen für die Rückgewinnung der Ostgebiete.

DER VERTRAG VON LOCARNO Auch bei Gustav Stresemann (Außenminister von 1924–1929) dominierten nationale bzw. nationalistische Absichten. Allerdings versuchte er sie nicht gegen die Westalliierten, sondern mit ihnen zu erreichen. Er bot Frankreich, Belgien, Großbritannien und Italien die **Garantie der deutsch-französischen Grenze** an. Dieses Angebot wurde im Ausland als „Quadratur des Kreises" angesehen, da es ein europäisches Kernproblem entschärfte und den Frieden stabilisierte. De facto bedeutete das Angebot Stresemanns jedoch zunächst einmal die **Anerkennung des Versailler Vertrags**, was erhebliche innenpolitische Probleme auslösen musste. Der Locarno-Vertrag setzte sich aus folgenden Verträgen bzw. Abkommen zusammen:

- Anerkennung des territorialen Status quo im Westen.
- Revision der Ostgrenzen wird durch den zeitlichen Vorbehalt offen gehalten (Schiedsverträge beziehen sich nicht auf Streitfragen, die vor der Unterzeichnung entstanden sind).
- Grenzen unterschiedlicher Qualität im Westen (Frankreich, Belgien) und Osten (Tschechoslowakei, Polen).

- Gleichberechtigung Deutschlands und Aufnahme in den Völkerbund (1926).
- Unterschiedliche Aufnahme der Verträge im Ausland (Stresemann erhält den Friedensnobelpreis) und im Inland (überwiegend Unverständnis, Verbitterung, Hass).

AUFNAHME DEUTSCHLANDS IN DEN VÖLKERBUND Die im Westpakt vereinbarte Aufnahme Deutschlands in den Völkerbund stieß im Inland auf heftige Ablehnung, obwohl Deutschland einen ständigen Sitz erhielt und damit den anderen Großmächten gleichgestellt wurde. Der Völkerbund war den meisten Deutschen verhasst und galt immer noch als Knebelungsinstrument der Sieger (vgl. die Volksabstimmung in Oberschlesien). Deshalb befürworteten den Eintritt in den Völkerbund neben der SPD und der DDP nur noch pazifistische Kreise. Selbst Stresemanns DVP spaltete sich wegen der Außenpolitik ihres Parteivorsitzenden. Großbritannien und Frankreich sahen in der Mitgliedschaft Deutschlands eine Garantie für den Locarno-Vertrag.

DER BERLINER VERTRAG Die UdSSR betrachtete den Westpakt als Abkehr Deutschlands von der Rapallo-Politik und strebte deshalb einen militärischen Neutralitätsvertrag mit Deutschland an. Da Stresemanns vorrangiges Ziel die Revision der Ostgrenzen war und er dafür die UdSSR brauchte, wurde der Vertrag am 24.4.1926 unterzeichnet. Er wurde auch von den Rechtsparteien befürwortet, weil nun eine britisch-französisch-russische Allianz gegen Deutschland nicht mehr möglich war und weil man ihn als Grundlage der Revision der Ostgrenzen ansah.

DIE BEURTEILUNG STRESEMANNS Stresemann verbesserte das deutsch-französische Verhältnis wesentlich, übernahm im Völkerbund in Anlehnung an Bismarcks Politik die Rolle des ehrlichen Maklers, verschaffte Deutschland ein neues Image und machte es zu einem angesehenen und gleichberechtigten Mitglied im Völkerbund. Dafür erhielt er 1926 den Friedensnobelpreis. Trotzdem erreichte er weder eine Revision des Versailler Vertrags noch die vorzeitige Räumung des Rheinlands. Deshalb setzte sich bei den national Denkenden in Deutschland die Ansicht durch, dass man die „Ketten von Versailles" gewaltsam sprengen müsse. Die Beurteilung Stresemanns war und ist deshalb sehr gegensätzlich. Die Rechten verfolgten ihn mit leidenschaftlichem Hass („Stresemann verwese man!") und selbst in der SPD und der DVP war seine Politik umstritten. Heute wird Stresemann oft als „Vertreter des europäischen Gedankens", als „Vorkämpfer einer überstaatlichen Ordnung", als „Friedenspolitiker" und als „deutscher Staatsmann europäischen Formats" bezeichnet. Dieses Bild entspricht jedoch nicht der Realität. Stresemann war im Grunde seines Herzens immer ein nationaler Revisionspolitiker und ein Monarchist, er war nie Demokrat oder Europapolitiker aus Überzeugung. Was ihn von seinen Vorgängern und Nachfolgern unterschied, waren die politischen Mittel und Methoden zur Erreichung seiner revisionistischen Ziele und der klare Blick für das Machbare.

Die ruhigen Jahre Weimars (1924–1929)

POSITIVE ENTWICKLUNGEN Aufgrund des Untergangs der Weimarer Republik und ihrer Abwertung durch die

NS-Propaganda könnte der unzutreffende Eindruck entstehen, als seien alle Bereiche des öffentlichen Lebens grau, trist und wenig kreativ gewesen. Dieser Schein trügt.

- Die **Wirtschaft** entwickelte sich nach Beendigung der Inflation und des Ruhrkampfs positiv. Moderne Industriezweige (Flugzeug-, Auto-, Rundfunkindustrie) prosperierten. Allerdings lebte die deutsche Wirtschaft weitgehend von (teilweise kurzfristigen) Auslandskrediten und war deshalb nicht stabil.
- Die **Sozialpolitik**, die z. T. noch auf den Rat der Volksbeauftragten zurückging, war zwar immer noch vorbildlich in Europa, doch stagnierte sie aufgrund der Inflation und wurde sogar rückläufig. Die Arbeitgeber konnten deshalb Errungenschaften wie den 8-Stunden-Tag oder die Mitbestimmung der Betriebsräte wieder einschränken.
- **Technik und Wissenschaft** entwickelten sich rasch und gewannen internationale Anerkennung. Dies verdeutlichen zahlreiche höchste Auszeichnungen, die an deutsche Wissenschaftler vergeben wurden.
- Die **Künste** (Malerei, Musik, Literatur, Theater und Film, Bildende Kunst, Architektur) entfalteten sich in einer Art und Weise, die im Deutschland des 20. Jahrhunderts einen Höhepunkt darstellte.
- Mit dem **wirtschaftlichen Aufschwung** und der Verbesserung des Lebensstandards stabilisierten sich auch die innenpolitischen Verhältnisse. Der Radikalismus nahm ab, die extremen Parteien verloren Wähler und sogar die rechtsstehende DNVP beteiligte sich an der Regierung.

PROBLEMATISCHE ENTWICKLUNGEN Allerdings gab es auch problematische Entwicklungen, die die Endphase Weimars (1929–33) wesentlich beeinflussten:

- Die bürgerlichen Parteien (DDP, DVP, Z, BVP) verloren Wählerstimmen, der Parlamentarismus wurde schwächer, Regierungskoalitionen dementsprechend schwieriger. Dies führte zu instabilen Regierungen, politischen Kompromissen und häufiger Auflösung des Reichstags, der damit seine verfassungsmäßige Rolle nur unvollständig wahrnehmen konnte.
- Die Reichspräsidentenwahl von 1925 verdeutlicht diese Entwicklung. Die staatstragenden Parteien konnten sich nicht durchsetzen und den zweiten Wahlgang gewann mit Hindenburg der Kandidat der rechten Parteien. Damit war die entscheidende Position mit einem Mann besetzt, dem der neue Staat, dem die Demokratie wesensfremd war und blieb.

Der Untergang Weimars

QUICK-FINDER

Das Scheitern der Großen Koalition

- Gründe → **S. 95**
- Konkreter Anlass → **S. 95**

Die Weltwirtschaftskrise → **S. 96**

Das Kabinett Brüning (30.3.1930–30.5.1932)

- Ziele des „Hindenburg-Kabinetts“ → **S. 96**
- Maßnahmen → **S. 97**
- Beginn der Präsidialkabinette → **S. 97**
- Die Beurteilung Brünings → **S. 98**

Das Kabinett von Papen (1.6.–2.12.1932)

- Der „Preußenschlag“ → **S. 99**
- Die Reichstagswahl vom Juli 1932 → **S. 99**

Das Kabinett von Schleicher (2.12.1932–28.1.1933) → **S. 100**

Die Ursachen für das Scheitern Weimars → **S. 101**

SPEZIALTHEMA:
Das Problem der Reparationen → **S. 102**

Das Scheitern der Großen Koalition

GRÜNDE Das Ergebnis der Reichstagswahl von 1928 erzwang eine SPD-geführte Große Koalition, die aus SPD, Z, BVP, DDP und DVP bestand. Sie war aus einer Reihe von Gründen von Anfang an labil und anfällig. Hierzu gehören:

- Der innenpolitisch heftig umstrittene Young-Plan.
- Wachsende Auseinandersetzungen zwischen Arbeitnehmern und Arbeitgebern.
- Der damit vorprogrammierte wachsende Konflikt zwischen SPD und DVP.
- Stresemann hatte seine Partei wie auch die Koalition zusammengehalten. Sein Tod (3.10.1929) trug wesentlich zum Zerfall der DVP und der Großen Koalition bei.

KONKRETER ANLASS Im Frühjahr 1930 trat die DVP aus der Regierung aus, womit die Große Koalition scheiterte. Anlass war die **Arbeitslosenversicherung**. Alle Parteien waren sich zwar aufgrund der wirtschaftlichen Verhältnisse über deren Erhöhung einig, nicht aber über die Modalitäten. Die eigentlichen Ursachen des Scheiterns lagen jedoch tiefer: Beide Flügelparteien dieser Koalition, die SPD genauso wie die DVP, befürchteten eine Abwanderung ihrer Wähler bei Fortführung der Koalition und nahmen die Arbeitslosenversicherung nur als Anlass, die Koalition mit dem politischen Gegner aufzukündigen.

Die Weltwirtschaftskrise

Die im Oktober 1929 in den USA ausbrechende **Weltwirtschaftskrise** zeigte, dass die Stabilität der deutschen Wirtschaft trügerisch war und auf amerikanischen Krediten beruhte. Die deutsche Banken hatten im Vertrauen auf eine weitere positive Entwicklung einen Teil der kurzfristigen US-Kredite als mittelfristige weitergegeben. Als die USA nun ihre Kredite zurückforderten und ihre Wirtschaft mit protektionistischen Maßnahmen schützten, brach auch die deutsche Wirtschaft zusammen. Folgen waren die Schließung von Banken, ein drastischer Produktionsrückgang infolge schwindender Kaufkraft, Verringerung der Staatseinnahmen bei gleichzeitig rapid steigenden staatlichen Soziallasten sowie Not und Existenzangst für große Teile der Bevölkerung. Die Folge war eine parlamentarische Krise und der Sturz der Großen Koalition.

Das Kabinett Brüning (30.3.1930–30.5.1932)

ZIELE DES „HINDENBURG-KABINETTS" Drei Tage nach dem Scheitern der Großen Koalition ernannte Hindenburg Heinrich Brüning (Z) zum Kanzler, der sein Amt ohne parlamentarische Bindung führen und nur vom Vertrauen des Reichspräsidenten gestützt sein sollte. Ferner sollte das Hindenburg-Kabinett antiparlamentarisch und antimarxistisch regieren, die SPD als politischen Faktor ausschalten und die Verhältnisse im Kernland Preußen im Sinne des „alten Herrn" verbessern. Für Brüning war trotz der wirtschaftlichen Situation die Außenpolitik vorrangig. Daraus ergaben sich folgende Ziele:

- Demonstrierung der Zahlungsunfähigkeit Deutschlands
- Streichung der Reparationen
- völlige Gleichberechtigung (auch militärisch)
- machtpolitischer Wiederaufstieg Deutschlands.

MASSNAHMEN Brüning glaubte die Probleme durch die Gesundung des Staatshaushaltes und durch die Vermeidung einer Inflation lösen zu können. Da der Reichstag seine Politik nicht mittrug, ließ Brüning ihn auflösen. Das Ergebnis der Reichstagswahl vom September 1930 war katastrophal, da die radikalen Parteien große Stimmengewinne verzeichneten und das Parlament dadurch funktionsunfähig wurde. Der Parlamentarismus bzw. die Demokratie waren damit am Ende. Diese Entwicklung führte zu einer rapiden Verschlechterung der wirtschaftlichen Situation, die Brüning erfolglos bekämpfte.

BEGINN DER PRÄSIDIALKABINETTE Im März 1931 bildete Brüning sein Kabinett um, das nun keinerlei parteimäßige Bindung mehr hatte, sondern ausschließlich von Hindenburg getragen wurde. Er regierte vorwiegend mit **Notverordnungen** nach Art. 48. Damit begannen die Präsidialkabinette und der Ausnahmezustand wurde zum Normalfall. Brüning dachte sogar an die Einbeziehung der NSDAP in die Regierung, um die inzwischen zweitgrößte Partei zu „zähmen“ bzw. „abzunutzen“. Die Folge waren bürgerkriegsähnliche Zustände. Diese Verhältnisse zwangen die staatstragenden Parteien bei der Reichspräsidentenwahl 1932 den ungeliebten Hindenburg zu unterstützen, um das größere Übel (Hitler) zu verhindern. Als Brüning beabsichtigte, nicht sanierungsfähige ostelbische Güter zwangsweise aufzuteilen (bei voller

Entschädigung der Besitzer), entließ ihn Hindenburg wegen seines „Agrar-" bzw. „Siedlungsbolschewismus".

DIE BEURTEILUNG BRÜNINGS in der Wissenschaft ist unterschiedlich: Einheitlich wird seine Gleichgültigkeit gegenüber der Not von Millionen und die Reduzierung der Demokratie sowie seine verfehlte Wirtschaftspolitik kritisiert. Eine gewisse Tragik wird darin gesehen, dass Erfolge, die Brüning erreichte (militärische Gleichberechtigung, Begrenzung der Reparationen, Räumung des Rheinlands), seinen Nachfolgern in den Schoß fielen.

Die Weltwirtschaftskrise und ihre Auswirkungen auf Deutschland

Ausbruch der Weltwirtschaftskrise (1929)
Übergreifen auf Deutschland (1930)

↓

Auswirkungen

- Illiquidität von Banken
- Produktionsrückgang
- Konkursanstieg

- Arbeitslosigkeit
- geringere Steuereinnahmen
- höhere Soziallasten

Maßnahmen

- Scharfer Deflationskurs
- drastische Kürzung von Staatsausgaben und Kreditbeschränkungen
- Senkung von Löhnen und Gehältern
- neue Steuern
- keine Aufträge der öffentlichen Hand

Folgen

- Radikalisierung
- Schwächung der Demokratie bzw. des Parlamentarismus
- riesige Wahlerfolge für die radikalen Parteien
- NSDAP wird stärkste Partei
- Ruf nach dem „starken Mann", der Ausnahmefall wird zum Normalfall

Das Kabinett von Papen (1.6.–2.12.1932)

DER „PREUSSENSCHLAG“ Zum Nachfolger Brünings machte Hindenburg von Papen, der ohne parlamentarische Bindung das **Kabinett der Barone** bildete. Er ließ den Reichstag auflösen und hob das SA- und SS-Verbot seines Vorgängers auf. Die Folge waren blutige Straßenkämpfe, die Papen wiederum als Rechtfertigung für seinen Preußenschlag nutzte. Im Juli 1932 setzte er per Art. 48 die preußische Regierung Braun (SPD) ab und übernahm als Reichskommissar die Regierung. Der von Braun angerufene Staatsgerichtshof in Leipzig entschied zwar, dass die Absetzung nicht rechtens gewesen sei, dass die Regierung jedoch das Recht habe, zur Aufrechterhaltung der öffentlichen Sicherheit Länderkompetenzen an sich zu ziehen. Damit blieb die Macht in den Händen Papens.

DIE REICHSTAGSWAHL VOM JULI 1932 brachte ein deprimierendes Ergebnis für die staatstragenden Parteien und riesige Gewinne für die antidemokratischen Parteien, die zusammen nahezu 60 % aller Stimmen erhielten. Allein die NSDAP vergrößerte die Anzahl ihrer Parlamentssitze von 107 auf 230. Hitler forderte jetzt kategorisch die Kanzlerschaft. Da Papen den Reichstag auflösen ließ, war eine erneute Reichstagswahl im November 1932 nötig. Die Wahlbeteiligung war gering, die NSDAP verlor aufgrund ihres radikalen Auftretens und des Straßenterrors der SA 2 Mio. Wähler bzw. 34 Sitze, die KPD gewann knapp 700 000 Stimmen (= 11 Sitze) und wurde mit 16,9 % drittgrößte Partei.

Das Ergebnis der Reichstagswahl bestätigte von Papen in seinem Vorhaben, einen reaktionären Staat zu schaffen.

Dieser sollte die Verhältnisse wiederherstellen, wie sie vor 1918 geherrscht hatten. Konkret sah Papens „neuer Staat“ Folgendes vor:

- Der Reichspräsident ist gleichzeitig preußischer Ministerpräsident.
- Die Reichsregierung ist nur ihm verantwortlich.
- Die Rechte des Reichstags werden noch geringer als die zu Kaiser Wilhelms II. Zeiten sein.
- Wahlen: Öffentlich, ungleich und indirekt.

Derartige Maßnahmen ließen sich nur durch einen Staatsstreich von oben erreichen, für den die Reichswehr nötig war. General von Schleicher, der führende Mann der Reichswehr und ein enger Vertrauter Hindenburgs, lehnte dieses Vorgehen ab, da es Papen zu viel Macht gebracht hätte. Dies führte zur Entlassung Papens.

Das Kabinett von Schleicher (2.12.1932 – 28.1.1933)

Um Hitler als Kanzler zu vermeiden, musste Hindenburgs „graue Eminenz“ Schleicher das Regierungsamt übernehmen. Er wollte ein **„sozialer General“** sein. Seine vorrangigen Ziele sah er in der Verbesserung der wirtschaftlichen Lage und der sozialen Situation. Innenpolitisch erreichte er jedoch weder eine Zusammenarbeit mit der SPD bzw. den Mittelparteien, noch gelang es ihm, die NSDAP zu spalten. Das Festhalten an seinem stark sozialpolitisch bestimmten Programm führte dazu, dass seine bisherigen Partner (DNVP, Industrie, der agrarische „Reichslandbund“) sich von ihm abwandten und nach einem „starken Mann“ suchten, den sie in Hitler fanden. Als der Druck auf Hindenburg immer größer wurde, entließ er schließlich von Schleicher und ernannte widerwillig Hitler, den er abschätzig den „böhmischen Gefreiten“ nannte, zum Reichskanzler.

Die Ursachen für das Scheitern Weimars

Schwäche der demokratischen Tradition, Stärke der obrigkeitsstaatlichen Einstellungen: keine kontinuierliche demokratische Entwicklung, neue Staatsform von außen erzwungen, Übergang von Monarchie zur Republik zu schnell, Volk bleibt monarchisch, ist überwiegend antidemokratisch, antidemokratische Mentalität von Verwaltung, Justiz, Militär, Wissenschaft

Rolle der Parteien und Interessenvertretungen: destruktives Verhalten der staatsfeindlichen Parteien, Spaltung der Arbeiterschaft

Versagen bzw. Rolle einzelner Politiker: Hindenburg, Brüning, Papen, Hitler

Weimarer Republik

Strukturelle Fehler der Weimarer Reichsverfassung: (s. S. 71 ff.)

Wirtschaftliche Belastungen: Weltwirtschaftskrise, Brüning'sche Wirtschaftspolitik, Reparationen

Außenpolitische Belastungen als Folgen des Ersten Weltkriegs: Artikel 228 und 231, Gebietsverluste im Osten, polnischer Korridor, Selbstmitleid der Deutschen, mangelnde Bereitschaft, einen Modus vivendi zu finden

Das Problem der Reparationen

Dieser Teilbereich des Versailler Vertrags war zwischen Siegern und Besiegten, aber auch unter den Siegern selbst, von Anfang an heftig umstritten. Die Ursachen waren: Die Höhe der Reparationen wurde von den am Krieg beteiligten Nationen als ein Gradmesser für Sieg bzw. Niederlage angesehen und war daher sehr prestigebelastet. Frankreich war es gelungen, die Reparationen in unerfüllbare Höhen zu schrauben, womit es sich eine rechtliche Grundlage geschaffen hatte, jederzeit gegen Deutschland vorzugehen (vgl. Ruhrkampf). Aus diesen Gründen wurden die Reparationen in Deutschland generell abgelehnt und dienten den Rechten als wirksames Propaganda- und Agitationsmittel. Die Gesamtreparationsleistungen wurden unterschiedlich berechnet: Deutschland bezifferte sie mit 53 Mrd. Mark, die Alliierten mit 20 Mrd.

1919	**Spa**	Reparationen (in %): Frankreich 52, Großbritannien 22, Italien 10, Belgien 8, restliche Gewinner 8.
1920	**Boulogne**	Großbritannien und Frankreich einigen sich auf die unrealistische Reparationssumme von 269 Mrd. Goldmark.
1921	**Paris**	Reduzierung der von Deutschland zu zahlenden Gesamtsumme auf 226 Mrd.
1921	**London**	Ablehnung der Forderungen durch die deutsche Delegation. Folge: Besetzung von Düsseldorf und Duisburg. Reduzierung der Forderung auf 132 Mrd.

1924	**Dawes-Plan**	Erstmals behandeln Sachverständige das Reparationsproblem. Inhalte: Wiederherstellung der deutschen Wirtschaft mit Hilfe eines US-Kredits (800 Mio Goldmark). Zahlungsmodalitäten, endgültige Höhe der Reparationen und Zahlungszeitraum nicht festgelegt.
1928	**Young-Plan**	Zahlungszeitraum 59 Jahre, Gesamtsumme 116 Mrd; Räumung des Rheinlands binnen 1 Jahres. Trotz deutlicher Verbesserungen für Deutschland drastische Verschlechterung des innenpolitischen Klimas wegen der maßlosen Agitation der Rechtskreise.
1931	**Hoover-Moratorium**	Wegen der Weltwirtschaftskrise setzt der US-Präsident Hoover einen einjährigen Zahlungsaufschub (Moratorium) für Deutschland durch.
1932	**Lausanne**	Festlegung der restlichen Reparationen auf 3 Mrd. Rentenmark.
1934		Endgültiger Verzicht auf weitere Reparationen.

4 Das Dritte Reich

Der Weg zum totalitären Staat

QUICK-FINDER

Die „Machtergreifung“

- Die Ernennung Hitlers → **S. 105**
- Warum kam es zum Dritten Reich? → **S. 106**

Ausbau der NS-Herrschaft zum totalitären Staat

- Erste Maßnahmen und Ereignisse → **S. 107**
- Das Ermächtigungsgesetz → **S. 108**
- Ausschaltung von politischen Gegnern → **S. 110**
- Gleichschaltung → **S. 112**
- Das Ende der nationalen Revolution → **S. 113**
- Von der Machtüberlassung zur Diktatur → **S. 114**

Die „Machtergreifung“

DIE ERNENNUNG HITLERS Obwohl die NSDAP seit 1928 riesige Wahlgewinne verzeichnet hatte, befand sie sich Ende 1932 in einer schlechten Lage: Die Parteikassen waren leer, das brutale Auftreten der SA schreckte immer mehr Bürger ab, eine leichte wirtschaftliche Verbesserung war erkennbar und die endgültige Lösung des Reparationsproblems zeichnete sich ab. Die Attraktivität der Partei nahm ab, bei der Reichstagswahl vom November 1932 verlor sie den Nimbus der unbesiegbaren, unaufhaltsamen Partei. Innerhalb der NSDAP entstand eine Opposition gegen Hitlers Alles-oder-nichts-Standpunkt. Die Ernennung Hitlers durch Hindenburg auf Drängen von Papens erschien der NSDAP-Führung (so Goebbels) wie ein Wunder. Papen glaubte als starker Mann in einem Kabinett Hitler diesen mit Leuten seines Vertrauens „einrahmen“ und „zähmen“ zu können. Hitler bildete die **Regierung der nationalen Erhebung**, in der sich außer ihm nur noch zwei NSDAP-Minister befanden (Innenminister Frick und Göring als Minister ohne besonderen Geschäftsbereich). Papens Plan schien zunächst aufzugehen.

Hitlers Ernennung war nach dem Buchstaben der Verfassung (Art. 53 WRV: Ernennung des Kanzlers durch den Reichspräsidenten) legal. Beurteilt man den 30.1.1933 jedoch nach dem Geist einer demokratischen Verfassung, dann war die Übergabe der politischen Macht an einen erklärten Antidemokraten, dessen vorrangiges Ziel die Abschaffung der Demokratie war, illegal. Die NSDAP feierte den 30.1.1933 als „dynamischen Akt der Machtergreifung“, als Beginn der „größten germanischen Rassenrevolution der Weltgeschichte“. Da Hitler jedoch in

Übereinstimmung mit den Buchstaben der Verfassung ernannt wurde, ist der Begriff „Machtüberlassung" treffender. KPD und SPD bewerteten Hitlers Amtsantritt in seltener Einmütigkeit als „Bündnis zwischen Adel und Pöbel". Im Ausland erhoffte man ein schnelles Scheitern der Regierung Hitler oder sah im „Sieg des Nationalsozialismus" die Bestätigung der eigenen Ideologie.

WARUM KAM ES ZUM DRITTEN REICH? Für die viel gestellte Frage, warum „ein großes Kulturvolk mit hochentwickelter Zivilisation scheinbar aus eigenem Willen sich der zerstörerischen Gewaltherrschaft einer Gruppe machthungriger Fanatiker ausgeliefert hat" (so der Historiker K. D. Bracher) gibt es **keine monokausale Erklärung**. Zahlreiche Ursachen und Bedingungsfaktoren wirkten zusammen und ermöglichten das Dritte Reich. Hierzu gehören neben den Ursachen für den Untergang Weimars die folgenden Faktoren:

- Einzelne Mitglieder der Oberschicht (Großindustrielle, Bankiers) förderten Hitler, weil sie den demokratischen Staat rigoros bekämpften oder weil sie sich wirtschaftlichen Profit von Hitler versprachen.
- Viele Deutsche, aber keineswegs „die" Deutschen, wählten Hitler aus Überzeugung oder weil sie der Meinung waren, dass angesichts der schwierigen politischen und wirtschaftlichen Verhältnisse nur ein „starker Mann" den „Karren aus dem Dreck" würde ziehen können.
- Die breit gefächerte Ideologie der NSDAP und eine effiziente Propaganda ermöglichten vielen die Identifizierung mit den Nationalsozialisten.

Ausbau der NS-Herrschaft zum totalitären Staat

ERSTE MASSNAHMEN UND EREIGNISSE Unmittelbar nach seinem Amtsantritt (1933) begann Hitler, seine Macht systematisch auszubauen und zu stabilisieren:

31.01.: **Auflösung des Reichstags.**

01.02.: In seiner Reichstagsrede zeichnete Hitler ein düsteres Bild der politischen Verhältnisse in Deutschland, die er als tatkräftiger Politiker jedoch zielgerichtet bekämpfen werde. Außenpolitisch versprach er die Erfüllung des Versailler Vertrags und einen Beitrag zum Frieden in Europa. Er erweckte geschickt den Eindruck, dass für den Kanzler Hitler nun das nicht mehr galt, was er als Oppositionspolitiker so vehement gefordert hatte und gab sich dadurch ein **staatsmännisches Image**.

04.02.: **Einschränkung von Grundrechten** (Meinungs-, Presse- und Versammlungsfreiheit) zur Unterdrückung politischer Gegner.

27./28.02.: Die **Reichstagsbrandverordnung**: In dieser Nacht ging der Reichstag in Flammen auf. Bereits am Morgen des 28. Februar legte Hitler dem Reichstag die **„Verordnung des Reichspräsidenten zum Schutz von Volk und Staat“** (allgemein: Reichstagsbrandverordnung) zur „Abwehr kommunistischer staatsgefährdender Gewaltakte“ vor und erreichte deren Annahme. Sie setzte „bis auf Weiteres“ (konkret: bis 1945) die Grundrechte außer Kraft. Obwohl keine Verbindung zwischen dem von der NSDAP präsentierten Täter Marinus van der Lubbe und der KPD nachgewiesen werden konnte, wertete die NSDAP den Reichstagsbrand als „Fanal“ eines kommunistischen Aufstandes. Damit rechtfertigte sie ihr brutales Vorgehen gegen die KPD bzw. gegen die „marxistische Gefahr“, was auch die SPD einschloss. Die

Täterschaft des Reichstagsbrandes ist auch heute noch nicht geklärt. Jedenfalls nützte die Reichstagsbrandverordnung der NSDAP in mehrfacher Hinsicht: Sie bildete zusammen mit dem Ermächtigungsgesetz die wichtigste Grundlage des NS-Terrors; sie war die juristische Grundlage eines pseudolegalen Terrors, schuf den permanenten Ausnahmezustand, ermöglichte die Zerschlagung der KPD und die Ausschaltung linksorientierter bzw. demokratischer Kräfte und trug so wesentlich zur Stabilisierung der Macht Hitlers bei.
05.03.: Die **Reichstagswahl**. Obwohl SA und SS das Klima der Rechtsunsicherheit zum offenen Terror gegenüber dem politischen Gegner nützten, brachte die Wahl ein für die NSDAP enttäuschendes Ergebnis. Trotz der für sie günstigen Verhältnisse verfehlte sie mit 43,9 % ihr Ziel der Alleinherrschaft und musste mit der DNVP (8,1 %) eine Koalition eingehen. Hitler strebte daraufhin die völlige und dauerhafte Ausschaltung des Parlaments an.
21.03.: Der **Tag von Potsdam**. Die Eröffnung des neugewählten Reichstags feierte die NSDAP-Propaganda an historischer Stätte in Potsdam (Friedrich II.) als „symbolische Erneuerung des neuen Deutschlands mit dem alten Preußen." Die Anwesenheit Hindenburgs und Hitlers staatsmännisches Auftreten brachten die angestrebte Seriosität und machten sowohl im Inland wie im Ausland großen Eindruck.

DAS ERMÄCHTIGUNGSGESETZ Für die **dauerhafte Ausschaltung des Parlaments** benötigte Hitler eine Zwei-Drittel-Mehrheit, wofür er die Mittelparteien brauchte. In seiner Reichstagsrede vom 23. März begründete er sein Vorhaben damit, dass die Durchführung „lebens-

wichtiger Maßnahmen“ ohne dieses Gesetz nicht möglich sei. Tatsächlich erreichte Hitler die Zustimmung der bürgerlichen Parteien. Hierfür gibt es folgende Gründe:
- Der Terror der SA und rechter Gruppierungen vor und in der Kroll-Oper (provisorischer Reichstag) erzeugte eine Atmosphäre der **Angst** und der **Bedrohung**.
- **Resignation** vieler Abgeordneten, die davon ausgingen, dass Hitler seine Maßnahmen auch ohne dieses Gesetz durchführen werde.
- **Hoffnung**, Hitler durch Zugeständnisse von einer völligen Willkürherrschaft abhalten zu können.

Am 24.3.1933 trat das **„Gesetz zur Behebung der Not von Volk und Reich“** (allgemein: **Ermächtigungsgesetz**, verabschiedet mit 444 zu 94 Stimmen) in Kraft. Da die KPD nicht mehr im Reichstag vertreten war, hatte allein die SPD dagegen gestimmt. Bestimmungen:
- Reichsgesetze können auch von der Regierung beschlossen werden.
- Sie können von der Verfassung abweichen.
- Sie dürfen sich nicht gegen Reichstag, Reichsrat und Reichspräsidenten richten.
- Die Geltungsdauer des Gesetzes beträgt 4 Jahre oder endet mit der Ablösung der Regierung.

Das Ermächtigungsgesetz hatte eine große Bedeutung:
- Hitler hielt damit die Exekutive und die Legislative in einer Hand.
- Er hatte nun die „legale“ Möglichkeit, die Verfassung zu umgehen bzw. auszuhöhlen.
- Der Reichstag hatte sich als Kontrollorgan aufgegeben und war von der Willkür Hitlers abhängig. Damit war die Demokratie endgültig zerbrochen.

- Das Ermächtigungsgesetz bildete mit der Reichstagsbrandverordnung die Grundlage der NS-Diktatur, da es den **Doppelstaat** ermöglichte. Er bestand aus dem Normenstaat, der die vorhandenen Gesetze respektierte (sofern sie ihm nicht hinderlich waren), und aus dem Maßnahmenstaat, der die gesellschaftspolitischen Verhältnisse per Gesetz nach seinem Gutdünken veränderte.

AUSSCHALTUNG VON POLITISCHEN GEGNERN Nach der Annahme des Ermächtigungsgesetzes ging die NSDAP zielstrebig gegen ihre politischen Gegner vor. Dabei wandte sie als grundlegende Mittel die Ausschaltung und die Gleichschaltung sowie die Überwachung und Beeinflussung der gesamten Bevölkerung an.
Die Ausschaltung umfasste folgende Maßnahmen, die mit Ausnahme des „Röhm-Putsches" in den ersten Monaten nach dem Amtsantritt Hitlers 1933 durchgeführt wurden:

- 5.3.: **Verbot der KPD**, Einziehung ihres Vermögens.
- 2.5.: **Zerschlagung der Gewerkschaften**, nachdem Hitler den 1. Mai zum „Tag der nationalen Arbeit" erklärt hatte. Die massive Bedrohung bzw. die Verhaftung von Funktionären sowie die Beschlagnahmung des Gewerkschaftsvermögens wurden mit der „marxistischen Gefahr" begründet, die von den Gewerkschaften ausgehe. An deren Stelle trat die von der NSDAP gelenkte **Deutsche Arbeitsfront** (DAF), die Arbeitgeber und Arbeitnehmer zwangsweise vereinigte. Sie sollte die NS-Wirtschaftspolitik propagandistisch und praktisch umsetzen.
- 22. 6. **Verbot der SPD**: Ausschluss der SPD-Mandatsträger aus den Volksvertretungen, Verhaf-

tungen („Schutzhaft"), Verbot von Versammlungen, Veröffentlichungen, Beschlagnahmung des Parteivermögens.

- 27.6.–5.7. **„Freiwillige" Selbstauflösung der restlichen Parteien**. Gründe hierfür: Angst, Resignation und die Überzeugung, dass die Demokratie abgewirtschaftet habe und die NSDAP ohnehin nicht mehr aufzuhalten sei.
- 14.7.: Das **„Gesetz gegen die Neubildung von Parteien"** schloss die Ausschaltung der Parteien ab. Es erklärte die NSDAP zur einzigen legalen Partei und verbot die Neugründung von Parteien. Damit war das Deutsche Reich (wie Italien und die UdSSR) ein **Einparteienstaat**.
- 30.6.–3.7.1934: Der **Röhm-Putsch**. Die SA, die nach eigener Ansicht „die Knochen hingehalten hatte" für den Aufstieg Hitlers, fühlte sich nicht entsprechend honoriert und forderte soziale Verbesserungen für ihre Mitglieder. Außerdem strebte ihr Stabschef Ernst Röhm die Verschmelzung der Reichswehr mit der SA unter seiner Führung an, was Hitler als Bedrohung seiner Position ansah. Am 30. Juni ließ er ihn und die SA-Führungsspitze in Bad Wiessee (Tegernsee) sowie hohe SA-Funktionäre im ganzen Reich verhaften bzw. ohne Gerichtsverfahren sofort ermorden. Auch politische Gegner (z.B. von Schleicher, von Kahr etc.) ließ Hitler bei dieser Gelegenheit ermorden. Die SA verlor ihre Bedeutung und war von nun an nur noch eine bedeutungslose Massenorganisation. Davon profitierte die SS, die maßgeblich an der Ausschaltung Röhms bzw. der SA beteiligt war. Sie wurde Hitler direkt unterstellt und aufgrund weit reichender Kompetenzen zum entscheidenden Machtinstrument

des NS-Staates. In zahlreichen Reden rechtfertigten die NSDAP-Größen die Ausschaltung der SA und die dabei angewandten Methoden. Ein Gesetz vom 3. 7. 1934 erklärte nachträglich die Niederschlagung des „Röhm-Putsches" als Staatsnotwehr rechtens. Hitler sei in dieser gefährlichen Situation des Deutschen Volkes **oberster Richter** geworden. Damit eignete sich Hitler die Judikative widerrechtlich an und hatte nun alle drei Gewalten in seiner Hand. Der Übergang von der Demokratie zur Diktatur war abgeschlossen, die Willkür des Diktators war nun Gesetz.

GLEICHSCHALTUNG Parallel zur Ausschaltung vollzog die NSDAP die Gleichschaltung in folgenden Bereichen:

- Die **Gleichschaltung der Länder**: Sie begann im März 1933, als das Wahlergebnis der Reichstagswahl (vom 5. 3.) auf alle Länder und Kommunen übertragen wurde, so dass NSDAP und DNVP in allen Volksvertretungen die alleinige Mehrheit hatten. Im April übernahmen von der NSDAP eingesetzte „Reichsstatthalter" die Führung der Länder. Am 30. 1. 1934 beschloss der Reichstag einstimmig, die Hoheitsrechte der Länder an das Reich zu übertragen; Landtage und der Reichsrat wurden im Februar 1934 aufgelöst, womit Hitler eklatant gegen das Ermächtigungsgesetz verstieß.
- Die Beamtenschaft wurde durch das **„Gesetz zur Wiederherstellung des Berufsbeamtentums"** (7. 4. 1933) von Nichtariern und „unzuverlässigen" Beamten „gesäubert". Von nun an mussten alle Beamten Parteimitglieder sein oder sich zumindest mit der NSDAP identifizieren.
- **„Säuberung" der Justiz**. Entscheidend war hier eine tief greifende Veränderung der Rechtsgrundlagen

durch Sondererlasse und Sondergerichte, die parteigebunden waren. Die Justiz wurde damit zum Werkzeug des Führers und übte unter dem Deckmantel der Pseudorechtlichkeit eine politische Funktion in justizförmiger Prozedur aus.

- **Gleichschaltung der Polizei**: Sie musste in wichtigen Belangen Kompetenzen an neue Parteieinrichtungen abgeben, z. B. an die **Geheime Staatspolizei** (Gestapo) und an den **Sicherheitsdienst** (SD). Beide waren nun direkt Hitler unterstellt.
- Die **Vereidigung der Reichswehr** auf Hitler (seit 1934), nicht wie bisher auf die Verfassung; band diese unabhängig von ihrer distanzierten Haltung an den Führer.
- Auch die **Berufsverbände** wurden durch neue Parteiorganisationen (z. B. NS-Ärztebund) gleichgeschaltet.
- Die Gleichschaltung von Rundfunk, Presse, Erziehung und Kultur wurde durch die Goebbels unterstellte **Reichskulturkammer** erreicht. Sie kontrollierte das „gesunde Volksempfinden“, grenzte „undeutsche Elemente“ aus, organisierte die Erziehung der Jugend im NS-Sinne.

DAS ENDE DER NATIONALEN REVOLUTION Einen Tag vor Hindenburgs Tod vereinigte Hitler per Gesetz vom 1. August 1934 das Amt des Reichspräsidenten mit dem des Reichskanzlers. Damit wurde er automatisch Oberbefehlshaber. Er führte von nun an den Titel **Führer und Reichskanzler**, der deutlich machen sollte, dass er nicht nur aufgrund staatlicher Amtsgewalt handelte (Reichskanzler), sondern aufgrund einer nationalen Sendung (Führer). Mit der Vereinigung der beiden Ämter erklärte Hitler die „nationale Revolution“ für beendet.

Von der Machtüberlassung zur Diktatur

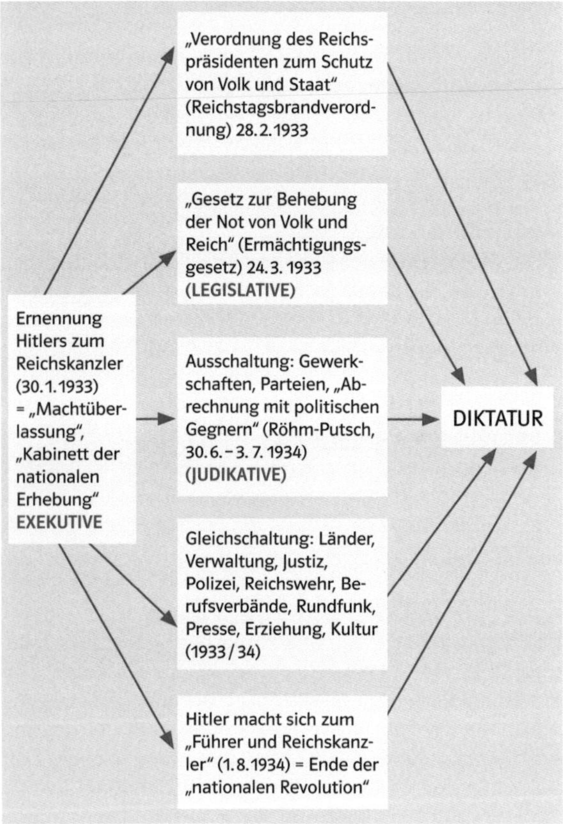

Ideologie und politische Organisation des Dritten Reichs

QUICK-FINDER

Die nationalsozialistische Ideologie

- Grundlagen und Elemente → **S. 116**
- Der Sozial- oder Geschichtsdarwinismus → **S. 116**
- Hitlers Rassenlehre → **S. 116**
- Der Antisemitismus → **S. 117**
- Das Elitedenken → **S. 118**
- Das Gewaltprinzip → **S. 118**
- Der Nationalismus → **S. 118**
- Der Imperialismus → **S. 119**
- Der Militarismus → **S. 119**
- Der Sozialismus → **S. 119**
- Hitlers Weltbild → **S. 119**

Die politische Organisation des Dritten Reichs

- Monokratie oder Polykratie? → **S. 120**
- Führerstaat und Führerkult → **S. 121**
- Die Erfassung der gesamten Bevölkerung → **S. 123**

SPEZIALTHEMA:
Die nationalsozialistische Wirtschaftspolitik → S. 124

Die nationalsozialistische Ideologie

GRUNDLAGEN UND ELEMENTE Als Hitler an die Macht kam, hatte er eine aus seiner Sicht schlüssige Ideologie. Damit war ein ganz klares Programm innen- und außenpolitischer Vorstellungen und Ziele verbunden. Zwar passte er seine Mittel und Methoden der jeweiligen politischen Lage an, doch bedeutete dies nie die Aufgabe seiner weltanschaulichen Grundlagen (Rassenlehre, Rassenkampf, Lebensraumpolitik) und der damit verbundenen langfristigen Ziele. Folgende Elemente bestimmten die NS-Ideologie:

DER SOZIAL- ODER GESCHICHTSDARWINISMUS

- Ausgangspunkt ist die Lehre von Charles Darwin über die Selektion (Auslese) in der Tierwelt, in der sich nur die Stärksten durchsetzen („survival of the fittest").
- Übertragung der Darwin'schen Erkenntnisse auf den menschlichen Bereich.
- Damit bewusste Verfälschung der Lehre Darwins, da für diesen nicht der stärkste Mensch, sondern der sittlich höherstehende die entscheidende Bedeutung hat.

HITLERS RASSENLEHRE

- Einteilung der Menschen in höhere und niedere Rassen.
- Die arische Rasse ist allein kulturbegründend.
- Die äußeren Merkmale der nordischen Rasse (als Teil der arischen) sind Schönheit, hoher Wuchs, blaue Augen, blonde Haare; innere Merkmale: Tapferkeit, heldische und opferbereite Gesinnung.
- Das Judentum besitzt nur eine Scheinkultur.
- Höchste Aufgabe des Staates: Reinerhaltung der Rasse.

- Permanenter Kampf zwischen den Rassen.
- Unterwerfung und Vernichtung minderwertiger Rassen durch höherwertige sind „natürlich“.

Grundlagen	Auswirkungen
die arische Rasse ist die wertvollste Menschenrasse	Erziehung zum Herrenvolk, Elitedenken
der Jude ist Parasit ohne menschliche Eigenschaften	Rassengesetze, Ausrottung der Juden
höchstes Ziel ist die Erhaltung der Blutreinheit	Schaffung des „neuen“ Menschen
Ausmerzung „faulen“ Erbguts	Vernichtung von „lebensunwertem“ Leben

Rassismus
Antisemitismus

DER ANTISEMITISMUS

- Verengung und Zuspitzung der Rassenlehre Hitlers.
- Da das Judentum die „Reinheit des Blutes“ bedroht, ist seine Vernichtung eine „natürliche“ Maßnahme.
- Das „Judentum“ wird zum Synonym für alles Negative (Demokratie, Pazifismus, Bolschewismus, Sozialdemokratie, USA, Prostitution etc.).
- Dieses Feindbild wird als Mittel der Solidarisierung angewandt.

DAS ELITEDENKEN

- Das deutsche Volk, das an der Spitze der Arier steht, ist ein Herrenvolk.
- Unterteilung in „Mensch“ (= Arier) und „Untermensch“ (= Nichtarier).
- Untermauerung des Elitedenkens durch verzerrte und einseitig interpretierte philosophische Begriffe, meist von Friedrich Nietzsche („Übermensch“, „Herrenmoral“, „Wille zur Macht“ etc.).
- Dieses Denken fördert ein elitäres Zusammengehörigkeitsgefühl der Deutschen, das vor allem die Unterschicht anspricht.

DAS GEWALTPRINZIP

- Das Darwin’sche Prinzip der Selektion gilt als ehernes Naturgesetz.
- Damit wird das Recht des Stärkeren als „natürliches“ Mittel der Selektion propagiert.
- Der dauernde Kampf ums Dasein, um die Macht, bestimmt das Leben der Völker.
- Krieg ist ein normaler Vorgang, ein „natürliches“ Mittel der Selektion auf höherer Ebene.

DER NATIONALISMUS

- Rückgriff auf wilhelminische Traditionen.
- Zentrale Begriffe sind „Volksgemeinschaft“, „Lebens- und Schicksalsgemeinschaft“. Sie sollen eine „verschworene Gemeinschaft“ erzeugen.
- Mit dem „Germanischen Reich Deutscher Nation“ werde das Dritte Reich die deutsche Nation zu ihrer (vorherbestimmten) Vollendung führen.

DER IMPERIALISMUS

- Erhaltung und Ausbau der Macht durch Eroberung und Unterwerfung sind für eine große Nation „legal".
- Außenpolitik ist (nach Hitler) die „Kunst, einem Volk den jeweils notwendigen Lebensraum in Größe und Güte zu sichern".
- Die konkreten Ziele des Imperialismus sind: beherrschen, verwalten, ausbeuten.

DER MILITARISMUS Als zwangsläufige Folge der bisherigen Elemente war blinder soldatischer Gehorsam die Grundlage des Militarismus im Dritten Reich.

DER SOZIALISMUS Er zielt (im Gegensatz zum Sozialismus marxistischer Prägung) nicht auf Klassenkampf ab, sondern hat nationale, „völkische" Ziele (z. B. die homogene Volksgemeinschaft).

HITLERS WELTBILD Fasst man die Grundprinzipien der Hitler'schen Weltanschauung zusammen, so ergibt sich folgendes Weltbild:

- Der Lebenskampf, das „Ringen um das tägliche Brot" ist ein ewiger Kampf.
- Da der Lebensraum der Völker bemessen, ihr Lebenswille dagegen unermesslich ist, herrscht ein ewiger Kampf um Lebensraum.
- Krieg ist ein Naturzustand.
- Das grundlegende Naturgesetz ist deshalb: Sieg oder Untergang.
- Oberstes staatliches Ziel ist die Vorbereitung und Durchführung des Lebenskampfes. Diesem Ziel haben sich Innen-, Außen- und Wirtschaftspolitik unterzuordnen.

- Der Staat hat keinen Eigenwert, er ist lediglich Mittel zum Zweck in der Hand der politischen Führung.
- Der Erfolg (im „Lebenskampf") rechtfertigt alle Mittel.
- NS-Moral bedeutet ausschließlich Bindung an diese Ziele und Prinzipien.

Die politische Organisation des Dritten Reichs

MONOKRATIE ODER POLYKRATIE? Auf den ersten Blick erweckt das Dritte Reich den Eindruck, es sei monokratisch gewesen, da Hitler allein alle Macht gehabt habe. In Wirklichkeit gab es eine von Hitler gewollte und bewusst geschaffene **Kompetenzvielfalt** miteinander konkurrierender Staats- und Parteiämter. Deshalb hatte das Dritte Reich monokratische Elemente (Führerstaat) und (auf allen Ebenen unterhalb des Führers) polykratische. Dieses System betonte die überragende Stellung Hitlers als Führer und Integrationsfigur sowie seine (angebliche) Allmacht und Unersetzlichkeit.
Im Bereich des Beamtentums, der Verwaltung und der Wirtschaft wurden neue Parteiinstitutionen und Zentralorganisationen geschaffen, die in Konkurrenz zu den bisherigen Ämtern standen. Da sie nur mit NSDAP-Funktionären besetzt waren, hatten sie die eigentliche Entscheidungsgewalt. Vor allem die Sonderbeauftragten, die Hitler direkt unterstellt waren, trugen wesentlich zur polykratischen Struktur des Dritten Reichs bei. Zu ihnen gehörten z. B. der „Generalinspekteur für das deutsche Straßenwesen" (Fritz **Todt**), der „Reichskommissar für den Arbeitsdienst" (Konstantin **Hierl**), der „Reichsjugendführer" (Baldur **von Schirach**) und der „Reichsführer SS und Chef der Deutschen Polizei" (Heinrich **Himmler**). Die

vielfältigsten Sonderfunktionen hatte Hermann **Göring** inne, der u. a. „Reichskommissar für die Luftfahrt“, „Beauftragter des Vierjahresplans“, „Reichsjäger- und Reichsforstmeister“ war. Zu dieser Gruppe gehörte auch Martin **Bormann**, der Reichsleiter der NSDAP und Sekretär Hitlers, der offiziell zwar keine große Entscheidungskompetenz hatte, dessen enger persönlicher Kontakt mit Hitler ihn jedoch zur „grauen Eminenz“ machte.

FÜHRERSTAAT UND FÜHRERKULT Die NS-Propaganda und die Staatsrechtler des Dritten Reichs untermauerten die unumstrittene Stellung Hitlers als Politiker (Reichskanzler) und Programmatiker (der NS-Ideologie) durch immer wiederkehrende, stereotype Parolen wie „Führer befiehl, wir folgen“, „der Führer hat immer Recht“, „der Führer ist das Recht“ und durch das Staatsrecht. Der Wille des Volkes werde nicht in parlamentarischen Wahlen gefunden, sondern verkörpere sich in der Person des Führers, der allein Willensträger sein könne. In der politischen Praxis bedeutete dieses **Führerprinzip** konkret:

- Allein der Wille des Führers gilt.
- Er unterliegt in seinem Handeln keinerlei Bindung an den Staat, der lediglich Werkzeug in seinen Händen ist.
- Auf ihn sind alle staatlichen und parteilichen Institutionen und Organisationen ausgerichtet.
- Funktionäre werden nicht gewählt, sondern von oben bestimmt.
- Es gilt der Grundsatz: Befehlsgewalt nach unten, Verantwortung und Gehorsam nach oben.
- Der Führer ist vom Schicksal auserkoren, das deutsche Volk seiner historischen Bedeutung zuzuführen (Sendungsbewusstsein). Es gibt deshalb keine Zweifel an ihm, keine Kritik seiner Maßnahmen.

Der Führerstaat stützte sich auf vier Bereiche:

- Der **Polizeiapparat** unter Führung der SS. Vor allem die Gestapo hatte wesentliche Aufgaben: Sie verfolgte und schaltete politische Gegner aus, sicherte die Macht, überwachte das Volk, den Staat und die Partei. In ihren Maßnahmen war sie nicht an richterliche Voraussetzungen, sondern ausschließlich an den Führerwillen gebunden. Der Sicherheitsdienst der SS, der alle Bereiche des öffentlichen und privaten Lebens überwachte, schuf durch seine permanente Bespitzelung die Grundlage für die Tätigkeit der Gestapo.
- Die gleichgeschaltete **Verwaltung** hatte zwar eine große Bedeutung für das reibungslose Funktionieren des Staates, besaß jedoch keinerlei Entscheidungskompetenz und beschränkte sich ausschließlich auf ihre Verwaltungstätigkeit.
- Die **Justiz** war in erster Linie Werkzeug des Führers, da sie in ihrer Rechtsauffassung und Rechtssprechung ausschließlich an den Führerwillen gebunden war.
- Auch die **Partei** hatte wichtige Aufgaben: Sie sollte die Erfassung und Beeinflussung des gesamten Volkes ermöglichen, dessen politisch-ideologische Erziehung gewährleisten sowie für die Besetzung wichtiger Stellen in der Regierung und Verwaltung überzeugte Parteimitglieder zur Verfügung stellen.

Ein wesentliches Charakteristikum des Führerstaats ist der **Führerkult**. Er besteht in der maßlosen Überhöhung und Verherrlichung des Führers, spricht ihm mystische Kräfte und übermenschliche Fähigkeiten zu, attestiert ihm Unfehlbarkeit, schließt menschliches Irren aus und macht Kritik an ihm oder gar Widerstand gegen ihn zum „volksschädigenden Verhalten“ und quasi zum Sakrileg. Der Führerkult wird so zum Religionsersatz. Dieser **pseudoreligiöse Charakter des Führers** wurde von der NS-Propaganda permanent betont.

DIE ERFASSUNG DER GESAMTEN BEVÖLKERUNG Die NSDAP erfasste und überwachte die Bevölkerung nahezu lückenlos. Der Weg des gleichgeschalteten Bürgers führte vom Jungvolk bzw. den Jungmädel über **Hitlerjugend** (HJ), **Bund Deutscher Mädel** (BdM), Arbeits- und Wehrdienst zu der Berufsdachorganisation DAF. Hinzu kamen zahlreiche politische Parteiorganisationen auf allen Ebenen bis hinunter zu den Ortsgruppen-, Zellen- und Blockleitern. Damit war es auf Dauer unmöglich, sich der politischen Erfassung und Indoktrination durch die NSDAP zu entziehen. Ferner diente dieses Rastersystem der Überwachung, der permanenten politisch-ideologischen Beeinflussung und der Vereinheitlichung des Volkes.

Der Nationalsozialismus strebte die Schaffung eines „neuen Menschen“ an, dessen hervorstechendste Eigenschaften völkisches Bewusstsein, Rassenbewusstsein und das völlige Aufgehen in der NS-Gemeinschaft sein sollten. Eine derart tief greifende Erziehung des Einzelnen zu einem Typus sollte durch die massive Indoktrination des gesamten öffentlichen und privaten Lebens erreicht werden. Mittel und Methoden dafür waren die Massenorganisationen, die Schulen, die gelenkte Kultur, die Reichskulturkammer, ferner NS-Feiertage, Kundgebungen, Massenveranstaltungen und Reden. Ein derart „gleichgeschaltetes“ und massiv indoktriniertes Volk ließ sich im In- und Ausland propagandistisch in idealer Weise zur **Legitimation** für Hitlers Tun und Handeln verwenden.

Die nationalsozialistische Wirtschaftspolitik

Ziele der NS-Wirtschaftspolitik

- Die rasche Schaffung von Arbeitsplätzen zur Verringerung der Arbeitslosenzahl und zur Beseitigung der finanziellen Not.
- Propagandistischer Gewinn, der sich für politische Ziele ummünzen ließ.
- „Wehrhaftmachung“ des Deutschen Reichs als Grundvoraussetzung für Hitlers aggressive Außen- und Lebensraumpolitik.

Maßnahmen

Einführung des 6-monatigen Reichsarbeitsdienstes für alle 18- bis 21-Jährigen, Einführung der allgemeinen Wehrpflicht, Staatsaufträge (Autobahnen), Ausbau der Autoindustrie, Propagierung der Rolle der deutschen Frau als Mutter und „Sachwalterin des Hauses“.

Erschließung neuer Geldquellen und Vierjahresplan

Um ausreichend Geldmittel für den Auf- und Ausbau der Rüstungsindustrie zu beschaffen, ohne die Siegermächte misstrauisch zu machen, führte Hjalmar Schacht als Reichsbankpräsident und Reichswirtschaftsminister die Mefo-Wechsel ein. Die Reichsbank, die Reichswehr und die größten Rüstungskonzerne gründeten eine Scheinfirma, die Metallurgische Forschungs-GmbH (Mefo). Über sie liefen Rüstungsaufträge, die mit Mefo-Wechseln bezahlt wurden. Diese von der Reichsbank garantierten Wechsel sollten allerdings erst nach fünf Jahren eingelöst werden. Auf diese Weise schuf Schacht bis zum Kriegsbeginn eine Nebenwährung von mehr als 14 Mrd. Reichsmark, die vor allem in die Schlüsselindustrien Eisen- und Stahlerzeugung, Auto-, Flugzeug- und Maschinenbau investiert wurden. Die Wehrhaftmachung sollte mit Hilfe des Vierjahresplans (1936) erreicht werden. Er bedeutete, dass sich von nun an alle wirtschaftlichen Bereiche der Rüstungswirtschaft unterzuordnen hatten. Damit verlor die Wirtschaft ihre Eigenständigkeit und wurde zum Mittel der Außen-, konkret: der Lebensraumpolitik. Eine geheime Denkschrift Hitlers zum Vierjahresplan bestimmte als übergeordnete Ziele die Einsatzbereitschaft der Armee und die „Kriegsfähigkeit“ der Wirtschaft in vier Jahren. Der Vierjahresplan beinhaltete folgende Bestimmungen:

- Reduzierung von Importen soweit irgend möglich.
- Vorrangiger Ausbau der Brenn- und Treibstoffindustrie.
- Förderung von militärisch verwertbarer Forschung.
- Erhöhung der deutschen Erzförderung.
- Sicherung notwendiger Rohstoffe.
- Preis- und Lohnstopp.
- Gelenkter Einsatz von Arbeitskräften in rüstungswichtigen Bereichen sowie
- völlige Kontrolle der Landwirtschaft.

Die Bewertung der NS-Wirtschaftspolitik

- Die NS-Wirtschaft war nie eigenständig, sie war immer nur Mittel zum Zweck (Lebensraumpolitik, Krieg).
- NS-Wirtschaft bedeutete (mindestens seit 1936) Rüstungswirtschaft mit angegliederten Versorgungsbereichen.
- Der wirtschaftliche Aufschwung kam nur dem Rüstungssektor und den Großindustriellen zugute.
- Die NS-Wirtschaftspolitik plante (außer im Rüstungsbereich) nicht langfristig.
- Eine derartige Volkswirtschaft ist auf längere Zeit gesehen ruinös.

Außenpolitik und Zweiter Weltkrieg

QUICK-FINDER

Die NS-Außenpolitik

- Hitlers außenpolitischer Vier-Stufen-Plan → **S. 127**
- Die erste Phase der NS-Außenpolitik (1933–36/37) → **S. 127**
- Die zweite Phase der NS-Außenpolitik (1936/37–1939) → **S. 130**
- Charakteristika der NS-Außenpolitik → **S. 133**

Der Zweite Weltkrieg

- Die Blitzkriege (1939/1940) → **S. 133**
- Die Ausweitung des Krieges → **S. 135**
- Rückzug und Niederlage → **S. 137**

Die NS-Außenpolitik

HITLERS AUSSENPOLITISCHER VIER-STUFEN-PLAN Für die Zeitgenossen unterschied sich Hitlers Außenpolitik nicht von der seiner Vorgänger. Sie war ebenso revisionistisch wie die Stresemanns, Brünings oder Papens. Aus heutiger Sicht erweist sich diese angebliche Kontinuität sowohl bezüglich ihrer langfristigen Ziele als auch ihrer Mittel und Methoden als falsch. Hitlers Außenpolitik kalkulierte nämlich den Krieg als „unvermeidbares" politisches Mittel von Anfang an ein.
Als Hitler an die Macht kam, hatte er längst ein klares außenpolitisches Programm, das von der Maxime ausging, dass Deutschland entweder eine Weltmachtstellung erlangen oder untergehen werde. Die Weltmachtstellung wollte er mit einem Vier-Stufen-Plan erreichen:

1. Erlangung und Stabilisierung der Macht im Inneren als Voraussetzung für eine expansive Außenpolitik.
2. Erreichung der Hegemonie (Vorherrschaft) in Zentraleuropa mit einem starken machtpolitischen und „wehrwirtschaftlichen" Rückhalt im „europäischen Ostraum".
3. Weltmachtstellung nach Gewinnung eines kolonialen „Ergänzungsraums" in Afrika und Aufbau einer starken Flotte.
4. Entscheidungskampf um die alleinige Weltherrschaft zwischen den USA und Deutschland. Hierfür sollte die Neutralität Japans und Großbritanniens erreicht werden.

DIE ERSTE PHASE DER NS-AUSSENPOLITIK (1933–36/37)
Die erste Phase der NS-Außenpolitik ist gekennzeichnet von einer Mischung aus Vertragspolitik und Verstößen

gegen den Versailler Vertrag („Politik der vollendeten Tatsachen"), die zweite von einer aggressiven Kriegspolitik und der gezielten Vorbereitung des Krieges. Folgende Ereignisse und Maßnahmen bestimmten maßgeblich die ersten Jahre des NS-Herrschaft:

- Hitlers **Reichstagsrede vom 17.5.1933** zeigte seine zweigleisige Außenpolitik. Der deutschen Öffentlichkeit und dem Ausland gegenüber gab er sich staatsmännisch und friedliebend; er versprach sogar, den Versailler Vertrag zu erfüllen. Diese Rede stand im krassen Gegensatz zur Erläuterung seiner Pläne gegenüber der Reichswehrspitze am 3. Februar. Da hatte er im kleinen Kreise von der „Eroberung neuen Lebensraums im Osten" und dessen „rücksichtsloser Germanisierung" gesprochen.
- Das **Konkordat mit dem Vatikan** (20.7.1933). Hitler sicherte der katholischen Kirche die Freiheit der Religionsausübung zu und machte weitere Zugeständnisse. Dafür erklärte sich die Kirche bereit, eine neutrale Haltung gegenüber dem neuen Regime einzunehmen. Dieser Vertrag machte Hitler bzw. die Nationalsozialisten in den Augen vieler Bürger salonfähig.
- Der **Austritt aus dem Völkerbund** (14.10.1933). Hitler provozierte die Ablehnung der militärischen Gleichberechtigung des Deutschen Reichs durch Frankreich und begründete damit den Austritt. Eine propagandistisch sorgfältig vorbereitete Volksabstimmung bestätigte diesen in Deutschland sehr populären Schritt.
- Der **deutsch-polnische Nichtangriffspakt** (26.1.1934). Er beinhaltete zusätzlich die Verpflichtung, Streitfragen nicht mit Gewalt zu lösen und kam deshalb einer Garantie der deutsch-polnischen Grenze gleich. Die

Initiative zu diesem auf zehn Jahre befristeten Pakt ging von Hitler aus, der einen Präventivschlag Frankreichs befürchtete und deshalb im Osten kalkulierbare Verhältnisse haben wollte. Dem Vertrag maß er jedoch keine wirkliche Bedeutung bei.

- Die **Abstimmung an der Saar** (13.1.1935). Laut Versailler Vertrag durfte die saarländische Bevölkerung nach 15 Jahren über ihre politische Zugehörigkeit entscheiden. Mehr als 90 % votierten für die Angliederung an das Deutsche Reich. Dieses Ergebnis bewertete die NS-Propaganda als ersten Schritt einer erfolgreichen Revisionspolitik.
- Die **Einführung der allgemeinen Wehrpflicht** (16.3.1935), mit der Hitler zum ersten Mal gegen den Versailler Vertrag verstieß, hatte für ihn Testcharakter. Die schwache Reaktion der Westmächte (Stresa-Konferenz) bestärkte ihn in seiner aggressiven Außenpolitik. Sein Vorgehen begründete er in einer Friedensrede (21.5.): Deutschland habe nur friedliche Ziele, die allgemeine Wehrpflicht diene der Wiederauferstehung des Abendlandes.
- Das **deutsch-britische Flottenabkommen** (18.6.1935) regelte das Kräfteverhältnis zwischen beiden Staaten: Das Deutsche Reich durfte auf maximal 35 % der britischen Kriegsschiffe und 45 % der britischen U-Boote aufrüsten. Diese Zahlen waren für Deutschland nicht ungünstig und Hitler hatte mit dem Flottenabkommen die Brüchigkeit der Stresa-Front deutlich gemacht. Die britische **Appeasement-Politik** (Beschwichtigungs-Politik) begann sich abzuzeichnen.
- Der **Besetzung des** (entmilitarisierten) **Rheinlands** (7.3.1936) ging die Kündigung des Locarno-Vertrages mit der Begründung voraus, dass Frankreich die deut-

schen Friedensangebote nicht angenommen habe. Die Proforma-Reaktionen der Westmächte bestärkten Hitler wiederum in seiner falschen Einschätzung der „schwächlichen" Demokratien.

- Der **Spanische Bürgerkrieg** (1936–1939) gab Hitler die Möglichkeit, durch die Entsendung der „Legion Condor" (Heer und Luftwaffe) nicht nur den Faschisten Franco zu unterstützen, sondern vor allem den Krieg unter „realistischen Verhältnissen" zu proben.
- Die **Achse Berlin-Rom** (1.11.1936), die in Zukunft die Geschicke Europas bestimmen sollte, verdeutlichte die enge politisch-ideologische Verbundenheit der beiden faschistischen Staaten.
- Der **Antikomintern-Pakt** (25.11.1936) zwischen dem Deutschen Reich und Japan richtete sich gegen die UdSSR. Im November 1937 trat ihm Italien bei.

DIE ZWEITE PHASE DER NS-AUSSENPOLITIK (1936/37–39)

Die „Politik der vollendeten Tatsachen", die von den Westmächten praktisch toleriert worden war, bestärkte Hitler 1936 in seiner Ansicht, dass nun die „Politik der Überraschungen" zu Ende und der Zeitpunkt für eine zielgerichtete, unverhüllte Lebensraumpolitik gekommen war. Folgende Ereignisse verdeutlichen diese Einstellung:

- Die **geheime Denkschrift Hitlers** vom August 1936, die seine Kriegsabsichten dokumentiert.
- Das **Hoßbach-Protokoll** (5.11.1937). In einer Besprechung mit der Reichswehrspitze und dem Reichsaußenminister verkündete Hitler seinen „unabänderlichen Beschluss, spätestens 1943/45 die deutsche Raumfrage zu lösen." Hierfür könne es nur

„den Weg der Gewalt" geben. Sollten die „Umstände günstig" sein, so werde man schon im nächsten Jahr „losschlagen".

- Der **Anschluss Österreichs** (12.3.1938). Nach einem missglückten Putschversuch der österreichischen nationalsozialistischen Partei (1934) verstärkte Hitler den Druck auf die österreichische Regierung Schuschnigg, die Nationalsozialisten an der Regierung zu beteiligen. Eine geplante Volksabstimmung Schuschniggs, die dies verhindern sollte, nahm Hitler zum Anlass, Österreich am 12. März zu besetzen und „ins Reich heimzuholen". Die Westmächte protestierten gegen diese Verletzung des Versailler Vertrages wiederum nur ohne großen Nachdruck.
- Das **Münchner Abkommen** (29.9.1938). Nach der „Heimholung" Österreichs konzentrierte Hitler sich auf die „Lösung der tschechischen Frage". Die (nationalsozialistische) Sudetendeutsche Partei unter ihrem Vorsitzenden Henlein stellte immer höhere Forderungen an die tschechische Regierung und wurde dabei von der NS-Propaganda massiv unterstützt. Als es im September 1938 zu Kriegsdrohungen auf beiden Seiten kam, initiierte Mussolini die Viermächtekonferenz zu München (29./30. September). Chamberlain, Daladier, Mussolini und Hitler beschlossen (ohne Beteiligung der CSR) die Abtretung des Sudetenlandes an das Deutsche Reich. Mit dem Abkommen, das den Höhepunkt der britischen Appeasement-Politik darstellte, glaubten die Westmächte den Frieden gerettet zu haben, zumal Hitler wiederum seine Friedensabsichten beteuerte.
- Die **„Erledigung der Resttschechei"** (16.3.1939). Bereits im Oktober 1938 wies Hitler die Wehrmacht

an, die „Erledigung der Resttschechei“ zu planen. Als er im Frühjahr 1939 zu immer deutlicheren (militärischen) Drohungen überging (z. B. Bombardierung Prags), legte der tschechoslowakische Staatspräsident Hacha am 15. März in Berlin „das Schicksal des tschechischen Volkes vertrauensvoll in die Hände Hitlers“. Am folgenden Tag besetzten deutsche Truppen die CSR. Böhmen und Mähren wurden als „Protektorat“ ans Reich angegliedert, die Slowakei blieb zwar unabhängig, war aber de facto ein Satellitenstaat des Deutschen Reichs.

- Das **Memelland „kehrt heim ins Reich“** (22. 3. 1939). Da sich Litauen vom Deutschen Reich Sicherheit gegenüber Polen bzw. der UdSSR versprach, gab es freiwillig das durch den Versailler Vertrag erhaltene Memelgebiet zurück.
- Der **Stahl-Pakt** (22. 5. 1939). Hitler plante den Angriff auf Polen und kündigte am 28. April den Nichtangriffspakt mit Polen und das deutsch-britische Flottenabkommen. Wenig später sicherte Italien dem Deutschen Reich im so genannten Stahl-Pakt die militärische Unterstützung im Kriegsfalle zu.
- Der **Hitler-Stalin-Pakt** (23. 8. 1939). Für die „Lösung der polnischen Frage“ kam Stalin eine zentrale Rolle zu: Die Westmächte brauchten die UdSSR, um den Bestand Polens garantieren und die expansionistische Politik des Deutschen Reichs eindämmen zu können. Hitler brauchte die UdSSR, um einen Zweifrontenkrieg zu vermeiden. Als er den geplanten Angriff auf Polen gefährdet sah, forcierte er die Verhandlungen, die am 23. August zur Unterzeichnung des deutsch-sowjetischen Nichtangriffspakts führten. Im geheimen Zusatzprotokoll wurden die Interessensphären

in Polen und Osteuropa für den Fall einer „territorialpolitischen Umgestaltung“ festgelegt.
- Die **Entfesselung des Krieges** (1.9.1939). Der angebliche Überfall polnischer Soldaten auf den deutschen Radiosender Gleiwitz lieferte Hitler den Anlass, Polen zu überfallen. Die Westmächte erklärten zwei Tage später dem Deutschen Reich nach dem Ablauf ihres Rückzugsultimatums den Krieg. Aufgrund des zielgerichteten Vorgehens und der Kriegsabsicht Hitlers spricht die Fachliteratur von der „Entfesselung“ des Zweiten Weltkriegs.

Charakteristika der NS-Außenpolitik

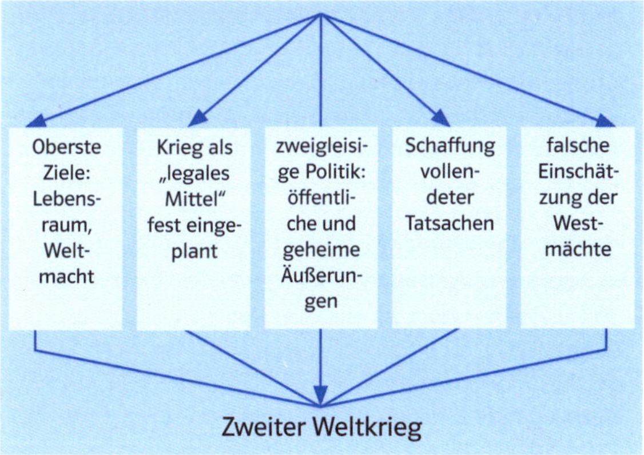

Der Zweite Weltkrieg

DIE BLITZKRIEGE (1939/1940) Die erste Phase des Zweiten Weltkriegs war gekennzeichnet durch schnelle Siege der deutschen Truppen, die von der NS-Propaganda als „Blitzkriege“ gefeiert wurden. Dazu gehören:

- Der **Krieg gegen Polen** war aufgrund des massiven Einsatzes von Sturzkampfbombern (Stuka) und Panzerverbänden bereits nach wenigen Tagen entschieden. Der westliche Teil Polens (Posen und Westpreußen) wurde ins Deutsche Reich eingegliedert, das Gebiet um Warschau, Radom und Krakau wurde als „Generalgouvernement“ zu einer Art kolonialem Nebenland. Ostpolen wurde von der Roten Armee besetzt.
- Die **Besetzung Dänemarks** und **Norwegens** (April 1940) sollte die Erzimporte aus Schweden sichern.
- Der **Westfeldzug** gegen Frankreich begann im Mai 1940 und endete aufgrund der überraschenden „Operation Sichelschnitt“ (Umgehen der Maginot-Linie durch Belgien und Holland) bereits am 22. Juni mit der Kapitulation Frankreichs bei Compiègne. Der größere nördliche Teil Frankreichs und die Atlantikküste blieben besetzt, der kleinere, südliche Teil wurde im Einvernehmen mit den deutschen Besatzungstruppen von Marschall Pétain autoritär regiert. Hitler befand sich auf dem Höhepunkt seiner Macht, die Dominanz des Deutschen Reichs auf dem Kontinent schien unerschütterlich.
- Die **Luftschlacht um England** (Juli – November 1940) beendete die Phase der Blitzkriege und bedeutete den ersten Rückschlag. Die Lufthoheit über dem Ärmelkanal konnte nicht errungen werden, so dass die Voraussetzung für eine Invasion Großbritanniens entfiel. Ein Ende des Westfeldzugs war jetzt nicht mehr voraussehbar, zumal Hitlers unverständlicher Haltebefehl Ende Mai 1940 vor Dünkirchen der britischen Armee die Gelegenheit gegeben hatte, sich neu zu formieren.

DIE AUSWEITUNG DES KRIEGES

- Der **Balkanfeldzug**, der am 6.4.1941 begann, sollte zur „Neuordnung Südosteuropas" führen. Er endete nach erbitterten und verlustreichen Kämpfen am 1.6.1941 mit der Kapitulation Griechenlands und Jugoslawiens.
- Der **Afrikafeldzug** (Beginn Februar 1941) wurde nötig, da sich Mussolinis Truppen in Nordafrika trotz zahlenmäßiger Überlegenheit nicht gegen die britischen Truppen behaupten konnten.
- Am 22.6.1941 löste Hitler mit dem Überfall auf den Bündnispartner UdSSR („Unternehmen Barbarossa") den **Krieg im Osten** aus. Für diese strategisch unverständliche Maßnahme haben eine Reihe von wirtschaftlichen, militärischen und politisch-ideologischen Gründen eine Rolle gespielt: Hitler wollte sich wohl die reichen Rohstoffquellen (z.B. die kaukasischen Erdölfelder) sichern, einem eventuellen sowjetischen Präventivschlag zuvorkommen und den „bolschewistischen Erzfeind" ausmerzen. Damit gedachte er den ersten Schritt seiner Lebensraumpolitik zu verwirklichen. Der rasche Vorstoß der deutschen Truppen wurde im Herbst 1941 aufgrund der klimatischen Bedingungen kurz vor Moskau gestoppt. Der Krieg im Osten unterschied sich von dem im Westen grundlegend. Er war ein Krieg zweier antagonistischer Weltanschauungen, ein rassenideologischer Vernichtungs- und Versklavungskrieg, der auf beiden Seiten erbittert geführt wurde.
- Am 7.12.1941 zerstörten japanische Bomber durch einen Überfall auf Pearl Harbor (Hawaii) einen Teil der US-Flotte. Der japanische Angriff, der wirtschaftliche und territorial-politische Gründe hatte, bedeutete den

Kriegseintritt Japans und der USA. Am 11. Dezember erklärte das Deutsche Reich ohne zwingende Notwendigkeit den USA den Krieg. Der Kriegseintritt der USA machte den europäischen Krieg zu einem Weltkrieg und brachte aufgrund der riesigen Wirtschaftskraft, ihres ungeheuren Waffenpotenzials und ihrer frischen Streitkräfte die Wende.

RÜCKZUG UND NIEDERLAGE Im Jahre 1942 verschlechterte sich die Lage des Deutschen Reichs und seiner Verbündeten an den Hauptkriegsschauplätzen (Russland, Nordafrika, Atlantik) zunehmend:

- In **Nordafrika** mussten die deutschen Truppen nach anfänglichen Erfolgen aufgrund großer Nachschubprobleme kapitulieren (15. 5. 1943). Damit war die Südflanke Europas für einen alliierten Angriff auf die „Festung Europa“ offen.
- Die Schlacht von **Stalingrad** bedeutete im Russlandfeldzug die entscheidende militärische Wende. Aufgrund der unzureichenden militärisch-logistischen Vorbereitung musste die 6. Armee am 1. 2. 1943 bei Stalingrad kapitulieren. Von den ca. 240 000 deutschen Soldaten überlebten lediglich 6000 die Schlacht bzw. die Kriegsgefangenschaft. Von nun an wurde, wie die NS-Propaganda den Rückzug der deutschen Truppen erklärte, die Front permanent „begradigt“.
- Obwohl Goebbels am 18. 2. 1943 den **totalen Krieg** ausrief, war das Ende des Kriegs nur noch eine Frage der Zeit. Der alliierte Bombenkrieg, dem die deutsche Luftwaffe nichts mehr entgegenzusetzen hatte, legte die deutschen Großstädte in Schutt und Asche und zermürbte die Zivilbevölkerung.

- Die **Landung** der britischen und amerikanischen Truppen **in der Normandie** am 6.6.1944 leitete das Kriegsende ein. Nachdem Italien im Herbst 1943 ins Lager der Kriegsgegner gewechselt war, kämpften die deutschen Truppen nun an allen Fronten auf verlorenem Posten.
- Die **bedingungslose Kapitulation** des Deutschen Reichs (7.5.1945 in Reims gegenüber den Westmächten, 8.5.1945 in Berlin-Karlshorst gegenüber der UdSSR; Gesamtkapitulation tritt am 9.5.1945 in Kraft) beendete den Krieg in Europa.
- Die Zerstörung von **Hiroshima** und **Nagasaki** durch amerikanische Atombomben (6. und 9.8.1945) beendete den Zweiten Weltkrieg, der ca. 60 Mio. Menschen das Leben kostete.

Unrechtscharakter des Dritten Reichs und Widerstand

QUICK-FINDER

Der Unrechtscharakter des Dritten Reichs

- Die Judenverfolgung → **S. 139**
- Terror und Massenmord → **S. 141**

Widerstand im Dritten Reich

- Ursachen des Widerstands → **S. 142**
- Widerstandsgruppen → **S. 142**
- Warum scheiterte der Widerstand? → **S. 145**
- Formen des Widerstands → **S. 146**

Der Unrechtscharakter des Dritten Reichs

DIE JUDENVERFOLGUNG Die Verfolgung der Juden im Deutschen Reich lässt sich in vier Phasen einteilen:

- **Hetze und Terror** (1933–35). In den ersten Jahren des Dritten Reichs gab es vereinzelte Maßnahmen und Aktionen gegen jüdische Kaufhäuser, Geschäfte und Privatpersonen. Sie umfassten neben dem Berufsbeamtengesetz Boykottaufrufe, Drohungen sowie die Diskriminierung und Ausgrenzung jüdischer Künstler und Literaten.
- Die **Nürnberger Gesetze** (15.9.1935) schufen die pseudorechtliche Grundlage der zielgerichteten Judenverfolgung (vor allem 1935–38). Das **Reichsbürgergesetz** bestimmte, dass nur Reichsbürger (= Staatsangehörige deutschen oder artverwandten Blutes) die vollen politischen Rechte besitzen. Das **Gesetz zum Schutz des deutschen Blutes und der deutschen Ehre** verbot die Eheschließung und den Geschlechtsverkehr zwischen Juden und deutschen Staatsbürgern. Derartige bereits bestehende Ehen mussten aufgelöst werden. Der Unrechtscharakter dieser Gesetze ergibt sich neben dem moralischen Aspekt auch daraus, dass sie rückwirkend bestraften.
- Die systematische **Einengung des Lebens- und Freiheitsraums der Juden** vollzog sich zwischen 1938 und 1942 und ist gekennzeichnet durch Berufs-, Besitz-, Aufenthalts- und Nutzungsverbote, durch diskriminierende Maßnahmen (Judenstern, Ausweiskennzeichnungen, nächtliche Ausgangssperre etc.). Einen ersten Höhepunkt der massiven Judenverfolgung bildete die von der SA durchgeführte und von Goebbels initiierte (und zynisch so benannte) „Reichskristallnacht“

(9. auf 10. 11. 1938). Die NS-Propaganda begründete und rechtfertigte die „spontanen“ Ausschreitungen (Zerstörung von Synagogen und Geschäften, Misshandlungen, KZ-Einweisungen und Ermordung jüdischer Bürger) als „berechtigten und gerechten Volkszorn“ wegen der Ermordung des deutschen Botschafters in Paris durch einen polnischen Juden. Da die Bevölkerung sehr betroffen auf das brutale Vorgehen der SA reagierte, beendete Goebbels das Pogrom nach einem Tag. Die Juden im Deutschen Reich mussten für die Ermordung des deutschen Botschafters eine „Sühneleistung“ in Höhe von 1 Mrd. Mark bezahlen. In der Folgezeit wurde die Gettoisierung und die Einweisung in Konzentrationslager systematisch betrieben. Ein Auswanderungsverbot (1. 10. 1941) nahm den Juden die Möglichkeit, das Land zu verlassen.
- Die **„Endlösung“** wurde auf der Wannsee-Konferenz (20. 1. 1942) beschlossen. Sie bedeutete: Erfassung aller europäischer Juden, Abtransport in Vernichtungslager im Osten Europas (Majdanek, Sobibor, Chelmno, Belzec, Treblinka, Auschwitz), „natürliche Verminderung der arbeitsfähigen Juden“ durch unmenschliche Arbeits- und Lebensbedingungen, „entsprechende Behandlung“ (= Massenvernichtung durch Erschießen oder Vergasen) des „endlich verbleibenden Restbestands“.

Die Zahl der in den Konzentrations- oder Vernichtungslagern ermordeten Juden liegt zwischen 4,6 und 6 Mio. Aufgrund dieser ungeheuren Zahl und der unheimlichen Systematik und Sachlichkeit der Vernichtung spricht die Fachliteratur vom **Holocaust** (griech. ‚holocaustos' = völlig verbrannt).

TERROR UND MASSENMORD Mit Beginn des Zweiten Weltkriegs erhöhte sich der Terror in Deutschland spürbar. Er betraf nicht nur Juden, sondern auch politische Gegner sowie ethnische, religiöse und gesellschaftliche Randgruppen (Sinti und Roma, Kriegsgefangene, Sekten, Homosexuelle, körperlich oder geistig Schwerbehinderte). Im Oktober 1939 wurde aufgrund eines Führererlasses mit der **„Euthanasie"** (griech. ‚eu' = gut, ‚thanatos' = Tod), d. h. mit der planmäßigen Tötung von „lebensunwertem Leben" und „Ballastexistenzen" (Geisteskranke, Missgebildete, unheilbare Pflegefälle) begonnen. Hartnäckige Proteste der beiden Kirchen führten zur (offiziellen) Einstellung des Euthanasie-Programms. Insgesamt wurden ca. 2,2 Mio. Angehörige derartiger Minderheiten von 1933 bis 1945 inhaftiert, verurteilt oder ermordet.
1942 begann die NS-Führung mit der **„Neuordnung Europas"**, die das „Großgermanische Reich Deutscher Nation" zum Ergebnis haben sollte. Die Behandlung der unterworfenen Völker richtete sich dabei nach ihrer „rassischen Wertigkeit". Die „germanischen" Völker (Holländer, Flamen, Skandinavier, Balten) sollten „blutlich veredelt" und ihre Gebiete ins Deutsche Reich eingegliedert werden. Die slawischen Völker Mittel- und Osteuropas, die als minderwertig galten, sollten dagegen verdrängt, umgesiedelt, versklavt oder vernichtet werden. Im Rahmen dieser Maßnahmen wurde mindestens 1 Mio. Polen und Russen, die der Oberschicht angehörten, ermordet. Die „Sklavenvölker" sollten nur eine geringe Grundbildung erhalten, da der Sinn ihrer Existenz in fleißiger, harter Arbeit für die Besatzungsmacht gesehen wurde. Die eroberten Gebiete sollten (laut Himmler) besetzt, verwaltet und ausgebeutet werden.

Widerstand im Dritten Reich

URSACHEN DES WIDERSTANDS Für die verschiedenen Formen des Widerstands (Verweigerung von Befehlen, Sabotage, Flugblätter, Wandparolen, Bildung von oppositionellen Gruppen, Attentatsversuche) gibt es zahlreiche Ursachen und Gründe:

- Beseitigung der Demokratie
- generelle Missachtung menschlicher Freiheit und Würde
- Verfolgung, Ausgrenzung und Vernichtung Andersdenkender sowie ethnischer bzw. gesellschaftlicher Minderheiten
- Anzettelung und Ausweitung des Kriegs
- Chance eines erträglichen Friedens
- Dokumentation gegenüber dem Ausland, dass nicht alle Deutschen Nazis waren.

WIDERSTANDSGRUPPEN

- **Bürgerliche Widerstandsgruppen**: Zu ihnen gehörten die **Mittwochsgesellschaft** (Wissenschaftler verschiedener Fachrichtungen), der **Freiburger Kreis** (meist Juristen), der **Solf-Kreis** (Beamte des auswärtigen Dienstes), der **Kreisauer Kreis** (Konservative, Sozialisten, Großgrundbesitzer, Gewerkschafter und religiös Orientierte um Graf James von Moltke) und die Gruppe um den Leipziger Oberbürgermeister Carl Friedrich **Goerdeler**. Allen diesen Gruppen war gemeinsam, dass sie sich mit moralischen, ethischen und staatsrechtlichen Aspekten des Dritten Reichs bzw. mit theoretischen Ansätzen für die Zeit danach beschäftigten. Konkrete Umsturzpläne hatten sie nicht.

- **Widerstandsgruppen der Arbeiterschaft**: In der Gruppe **Roter Stoßtrupp** organisierten sich vorwiegend junge Arbeiter, Angestellte und einige Studenten, die in Berlin gegen das Regime gerichtetes Material erstellten und verbreiteten. **Neu Beginnen** vereinigte Kommunisten und Sozialdemokraten, die das Regime mit ihrer in Prag hergestellten Zeitschrift gleichen Namens bekämpften. Die **Rote Kapelle** war eine kommunistische Widerstandsgruppe, die die UdSSR mit Spionagematerial versorgte und mit Flugblättern bzw. Zeitschriften (z. B. „Der Vortrupp") Widerstand betrieb.
- **Kirchlicher Widerstand**: Die katholische Kirche arrangierte sich rasch mit dem NS-Regime. Insgesamt war die Haltung der katholischen Geistlichen aber nicht einheitlich, da der Nationalsozialismus bzw. Hitler – vor allem in der Anfangszeit – auch bei Geistlichen durchaus Sympathien genoss. Der Vatikan und der hohe Klerus widersetzten sich dem NS-Regime von Ausnahmen abgesehen (z. B. Bischof von Galen) nur gelegentlich mit verbaler Kritik. Widerstand wurde dagegen von zahlreichen mutigen niederen Geistlichen vor Ort betrieben.

Die evangelische Kirche spaltete sich nach kurzer Zeit. Während die „Deutschen Christen", die sich auch „SA Jesu Christi" nannten, das neue Regime unterstützten, formierte sich die Opposition um Martin Niemöller, Karl Barth und Dietrich Bonhoeffer. Ihre Organisationen waren die **Bekennende Kirche** bzw. der **Pfarrernotbund**.
Die Beurteilung des kirchlichen Widerstands ist nicht eindeutig: Einerseits setzten sich beide Kirchen als Institutionen nicht geschlossen und mit Nachdruck ein; andererseits gab es zahlreiche Beispiele mutigen und engagierten Vorgehens Einzelner gegen das Regime.

- **Opposition und Widerstand der Jugend**: Die geistige Bevormundung und die permanente Gängelung brachten viele Jugendliche in Opposition. Sie verweigerten sich dem Nationalsozialismus und drückten ihren Protest auf vielfältige Weise aus (Kleidung, Lebensweise, Flugblätter, Wandparolen). Zu den bekanntesten Gruppen gehörten die **Swing-Bewegung**, die **Edelweißpiraten** und die **Weiße Rose**. Sie bestand aus Münchner Studenten um die Geschwister Hans und Sophie Scholl und wandte sich in Flugblättern gegen Hitler bzw. den Nationalsozialismus. Im Februar 1943 wurde die Gruppe zerschlagen, die führenden Mitglieder hingerichtet.
- **Militärischer Widerstand** existierte vor Ausbruch des Kriegs nicht. Der soldatische Eid und die großen Anfangserfolge des Führers verhinderten einen zielgerichteten Widerstand. Er entstand erst im Jahre 1943, als der Krieg für nüchtern denkende Militärs bereits offensichtlich entschieden war. Integrationsfiguren waren Henning von Tresckow und **Claus Schenk von Stauffenberg**, der Hitler am 20. 7. 1944 während einer Lagebesprechung im ostpreußischen Führerhauptquartier mit einer Zeitbombe zu töten versuchte. Hitler überlebte das Attentat nur leicht verwundet, der militärische Widerstand wurde zerschlagen.
- **Vereinzelte Attentatsversuche**: Insgesamt wurden mehr als vierzig Attentatsversuche Einzelner oder kleiner Gruppen auf Hitler geplant oder durchgeführt. Alle scheiterten aus den unterschiedlichsten Gründen.

WARUM SCHEITERTE DER WIDERSTAND? Zahlreiche Faktoren erschwerten den Widerstand, reduzierten die Chancen des Gelingens und waren dafür verantwortlich, dass mit Ausnahme der Gruppe um von Stauffenberg der Widerstand insgesamt keine realistische Chance hatte, Hitler bzw. das NS-System zu beseitigen.

- Die Außerkraftsetzung der Grundrechte erschwerte den systematischen Aufbau und die Koordination von Widerstandsgruppen.
- Die nahezu totale Überwachung und Kontrolle der Bevölkerung durch das NS-System.
- Die Zerrissenheit der Arbeiterparteien bzw. ihre fehlende Bereitschaft eines gemeinsamen Widerstands.
- Der Gewissenskonflikt der Militärs.
- Die innen- und außenpolitische Erfolge Hitlers.
- Die teilweise sehr unterschiedlichen politischen Ordnungsvorstellungen für die Zeit nach Hitler.
- Die seit Anfang 1943 von den Alliierten propagierte bedingungslose Kapitulation und die Zermürbung der Zivilbevölkerung durch den Bombenkrieg halfen den Nazis, den Widerstand als „sinnlosen Verrat am deutschen Volk und den deutschen Frontsoldaten“ zu brandmarken.

Formen des Widerstands

Bürgerlicher Widerstand
- anfangs Begeisterung
- Kritik des Bildungsbürgertums nach militärischen Niederlagen
- Entwurf und Diskussion von demokratischen Staatsmodellen für die Zeit nach Hitler

Widerstand der Arbeiterschaft
- Widerstand von Anfang an und prinzipiell
- Wandparolen, Flug- und Propagandaschriften
- Widerstand im Untergrund
- Spionage, Sabotage, Attentate

Attentatsversuche Einzelner
- Ablehnung Hitlers als Diktator, des Nationalsozialismus als System
- insgesamt individuelle Beweggründe
- Attentäter aus allen Schichten
- trotz unterdrückter Nachrichten sind über 40 Attentatsversuche Einzelner bekannt

Beseitigung Hitlers bzw. des Nationalsozialismus

Kirchlicher Widerstand
- zunächst Akzeptanz bzw. Zustimmung
- Duldung erster Maßnahmen gegen Juden
- verstärkte Opposition seit der Euthanasie
- insgesamt: Maßnahmen Einzelner (Predigten, Hirtenbriefe, Hilfsaktionen), kein geschlossener Widerstand

Widerstand der Jugend
- Opposition gegen Bevormundung, Gängelung, fehlende Freiheit, geistige Unterdrückung, Ausschaltung politischer Gegner
- Verweigerung und Protestverhalten (Kleidung, Musik, Lebensweise)
- Parolen, Flugschriften
- Sabotage, Attentatsversuche auf NS-Funktionäre

Militärischer Widerstand
- keine prinzipielle Ablehnung des Systems
- vereinzelter Widerstand (gegen militärische Pläne) beginnt spät (seit 1938)
- gezielter Widerstand im größeren Rahmen setzt nach militärischen Niederlagen ein (seit 1943)

5 Deutschland nach 1945

Von der Anti-Hitler-Koalition zur Gründung der beiden deutschen Staaten

QUICK-FINDER

Von der One-World-Politik zur Containment-Politik

- One-World-Politik → S. 149
- Containment-Politik → S. 149

Die Nachkriegssituation in Europa

- Die Potsdamer Konferenz → S. 150
- Flucht, Vertreibung und „displaced persons“ → S. 152
- Die Berlin-Blockade → S. 152
- Die Anfänge eines geeinten Europas → S. 153

Situation in den westlichen Besatzungszonen

- Die „Stunde Null“ → S. 154
- Entnazifizierung → S. 154
- Nürnberger Prozesse → S. 155
- Politischer Neuanfang → S. 156
- Wirtschaftspolitische Entscheidungen → S. 158
- Marshallplan und Währungsreform → S. 158
- Gründung der Bundesrepublik Deutschland → S. 160
- Grundgesetz → S. 160

QUICK-FINDER

Verhältnisse in der östlichen Besatzungszone

- Die Situation nach dem Zusammenbruch → **S. 162**
- Sowjetisierung der SBZ → **S. 163**
- Wirtschaftliche Veränderungen in der SBZ → **S. 164**
- Gründung der DDR → **S. 164**
- Verfassung der DDR → **S. 165**

SPEZIALTHEMA:
Die doppelte Staatsgründung → **S. 166**

Von der One-World-Politik zur Containment-Politik

ONE-WORLD-POLITIK Am Ende des Zweiten Weltkriegs arbeiteten die USA und die UdSSR zusammen, um das Hitler-Regime in die Knie zu zwingen. Doch dieses Zweckbündnis zeigte immer mehr Risse, die durch den Systemgegensatz und das tagespolitische Geschehen vertieft wurden. Trotzdem hielten die USA unter Präsident Roosevelt auch nach Kriegsende an der Konzeption der One-World-Politik fest, die davon ausging, dass auch künftige Konflikte in Verhandlungen einvernehmlich gelöst werden würden. Die **Vereinten Nationen (UN)** sollten dafür den institutionellen Rahmen bilden. Noch Roosevelts Nachfolger Truman dachte den USA nur eine Vermittlerrolle in weltpolitischen Krisensituationen zu. Da er den baldigen Abzug der amerikanischen Truppen aus Europa anstrebte, um den Krieg in Asien siegreich beenden zu können, stimmte er auch dem Potsdamer Abkommen mit all seinen ungeklärten Detailfragen zu.

CONTAINMENT-POLITIK Bald wurde aber deutlich, dass sich eine gemeinsame Politik nach Kriegsende nicht fortsetzen lassen würde, da die UdSSR an einem Ausbau ihrer Machtposition interessiert war. Stalin versuchte den sowjetischen Einflussbereich nach Westen zu verschieben. Er unterstützte
- die Expansion der Sowjetunion nach Westen,
- die Errichtung von Satellitenstaaten (Tschechoslowakei, Ungarn, Rumänien und Bulgarien) und
- die Bildung von kommunistischen Marionettenregierungen (z. B. in Polen).

Als sich die **Sowjetisierungspolitik** der UdSSR gegen Staaten wie die Türkei und Griechenland richtete, die nicht ihrem traditionellen Einflussbereich zugerechnet wurden, änderten die USA ihre Haltung. Churchill sprach von einem „**Eisernen Vorhang**", der sich auf der Linie Triest-Stettin durch Europa zog. Truman erklärte im Frühjahr 1947 die Unverletzlichkeit der bedrohten Staaten (**Truman-Doktrin**) und sagte ihnen finanzielle Unterstützung, die so genannte **Marshallplan-Hilfe**, zu. Das war das Ende der One-World-Politik, die USA läuteten mit dem Übergang zur **Containment-Politik** die Eindämmung der sowjetischen Expansion ein.
Die Sowjetunion beantwortete die neue Strategie der USA mit der Bildung des Kommunistischen Informationsbüros (**Kominform**), das der Durchsetzung des sowjetischen Führungsanspruchs diente. In diesem Zusammenhang proklamierte die UdSSR die **Zwei-Lager-Theorie**, nach der sich Ost und West unversöhnlich gegenüberstehen.

Die Nachkriegssituation in Europa

DIE POTSDAMER KONFERENZ Schon während des Zweiten Weltkriegs kamen die alliierten Staatschefs in Casablanca, Teheran und Jalta zusammen, um die Nachkriegsordnung und den Umgang mit einem besiegten Deutschland zu diskutieren. Die wichtigste Konferenz der Anti-Hitler-Koalition fand erst nach Kriegsende vom 17.7.–2.8.1945 in Potsdam statt. Anwesend waren Präsident Truman (USA), Premierminister Churchill bzw. Attlee (GB) und Stalin für die UdSSR.
Da aufgrund der Systemkonflikte eine Einigung zwischen der UdSSR und den USA nicht möglich war, verständig-

ten sich die Vertreter der Alliierten lediglich auf die 5 D's (Demilitarisierung, Dezentralisierung, Denazifizierung, Demokratisierung, Demontagen) – alles Begriffe, die unterschiedlich ausgelegt werden konnten.

THEMEN DER POTSDAMER KONFERENZ	
weltpolitische Themen	• Friedenssicherung durch Konferenzen der Alliierten, die späteren Außenministerkonferenzen • Gründung der Vereinten Nationen als Schlichterinstanz (in der Nachfolge des Völkerbundes und auf Grundlage der Atlantik-Charta vom August 1941) • Vorbereitung von Friedensverträgen
Themen Deutschland betreffend	• Deutschland bleibt eine politische und wirtschaftliche Einheit, der Alliierte Kontrollrat aller vier Besatzungsmächte verwaltet Deutschland gemeinsam (Prinzip: Einstimmigkeit). • Die Gebiete östlich der Oder-Neiße-Grenze kamen unter polnische, der nördliche Teil Ostpreußens unter sowjetische Verwaltung. Die deutsche Bevölkerung sollte auf humane Art umgesiedelt werden. • Die deutsche Wirtschaft sollte unter Kontrolle der Alliierten stehen, die Produktion auf landwirtschaftliche Erzeugnisse und Verbrauchsgüter beschränkt sein.

FLUCHT, VERTREIBUNG UND „DISPLACED PERSONS“ Die Besatzungspolitik der Nationalsozialisten in den osteuropäischen Ländern rief einen allgemeinen Hass hervor, der sich in der Endphase des Zweiten Weltkriegs auf die im Osten ansässige deutsche Bevölkerung entlud. Etwa 14 Millionen Menschen ergriffen die Flucht nach Westen oder wurden Opfer der Vertreibung, die nach dem Potsdamer Abkommen im Osten einsetzte. Etwa zwei Millionen Menschen kamen dabei ums Leben. In den vier Besatzungszonen lebten aber auch etwa 12 Millionen Menschen, die keine Deutschen waren. Sie waren meist als Zwangsarbeiter oder KZ-Häftlinge nach Deutschland gebracht worden. Diese „displaced persons“ (DPs) wurden bei Kriegsende in ihre Heimatländer oder in andere europäische Staaten umgesiedelt.

DIE BERLIN-BLOCKADE Die geteilte Stadt Berlin lag als Insel in der **sowjetisch besetzten Zone** (SBZ). Im Frühsommer 1948 sahen die Sowjets die Chance ganz Berlin zu annektieren: Die drei Westmächte (USA, GB, Frankreich) hatten am 20.6.1948 in ihren Zonen eine Währungsreform durchgeführt, der einige Tage später die Währungsreform in der SBZ folgte. Als daraufhin der sowjetische Militärgouverneur dem Berliner Senat befahl, die Ost-Mark in Ganz-Berlin einzuführen und dieser sich weigerte und stattdessen die DM-West als Zahlungsmittel einführte, unterbanden die Sowjets den gesamten Verkehr zu Wasser und zu Lande von und nach Berlin; die geteilte Stadt war damit vom Westen abgeschnitten.
Um den Zugang nach West-Berlin zu sichern, richteten die USA auf Anregung von General Clay ab dem 26.6.1948 die so genannte **Luftbrücke** ein, die die Versorgung der 2,5 Millionen Menschen auf dem Luftweg gewährleistete.

Während der elf Monate andauernden Versorgung aus der Luft wurden 2,11 Millionen Tonnen Lebensmittel, Brenn- und Baustoffe sowie Medikamente und andere wichtige Güter nach West-Berlin gebracht. Am 12.5.1949 wurde die Blockade Berlins durch die Sowjets schließlich beendet. Diese hatten erkannt, dass sie die Einführung der West-Mark für Ganz-Berlin nicht verhindern konnten und dass eine Fortsetzung der Blockade nur ihr Image ruinieren würde. In Geheimverhandlungen mit den USA einigte man sich schließlich auf den freien Zugang nach West-Berlin. **Die Folgen der Berlin-Blockade waren**:

- Die Bevölkerung der gesamten westlichen Welt fühlte sich mit den Einwohnern Berlins solidarisch.
- Berlin blieb den vier Siegermächten unterstellt.
- Die UdSSR hatte einen Prestigeverlust erlitten.
- Die innerstädtische Grenze Berlins blieb bis zum Mauerbau 1961 offen.

DIE ANFÄNGE EINES GEEINTEN EUROPAS Bereits 1946 hatte Churchill die Idee der **„Vereinigten Staaten von Europa"** vertreten; diese sollten westlich-liberal-demokratisch organisiert sein und sich dem entstehenden Ostblock entgegenstellen. Europa würde demnach als dritte große Kraft zwischen den sich entwickelnden Supermächten einen eigenen Platz in der Weltgeschichte einnehmen.

Am 16.4.1948 wurde in Paris von 17 Staaten und den drei westlichen Militärgouverneuren zur Verteilung der Marshallplan-Gelder die Gründung der „Organization for European Economic Cooperation" **(OEEC)** beschlossen.

Am 4.4.1949 wurde in Washington die North Atlantic Treaty Organisation **(NATO)** gegründet. Sie basiert auf einem europäischen Bündnis zwischen Frankreich, Großbritannien und den Benelux-Staaten, das ursprünglich gegen ein wiedererstarktes Deutschland gerichtet war. Die Teilnahme der USA und Kanadas, später auch europäischer Länder, gab ihm eine andere Zielrichtung. Die Expansion der UdSSR im beginnenden Kalten Krieg und die Ablehnung des Marshallplans in Osteuropa ließen ein westliches Verteidigungsbündnis notwendig erscheinen.

Situation in den westlichen Besatzungszonen

DIE „STUNDE NULL" Von Deutschland ist der Zweite Weltkrieg ausgegangen, der ca. 60 Millionen Menschenleben kostete, der Europa in weiten Teilen zerstörte und die Machtverhältnisse auf der Welt völlig veränderte.
Auch Deutschland gab es nach 1945 nur noch als Begriff; „Deutschland" existierte nicht mehr:
- nicht als staatliches Gebilde (durch die Teilung in Besatzungszonen),
- nicht als politisches Gebilde (die Alliierten hatten die Regierungsgewalt übernommen),
- nicht als geografische Einheit (durch die Veränderung der Grenzen).

ENTNAZIFIZIERUNG Die amerikanische Direktive JCS 1067 vom 26.4.1945 besagte: „Deutschland wird nicht besetzt zum Zwecke seiner Befreiung, sondern als ein besiegter Feindstaat". Damit war das vorrangige Ziel der Westalliierten festgeschrieben: Die Verhinderung einer künftig von Deutschland ausgehenden Bedrohung durch Schwächung des in Deutschland vorhandenen Potenzials. Die Entnazifizierung Deutschlands war die logische Folge dieser Sichtweise; sie umfasste:

- Verbot der NSDAP und der ihr nahe stehenden Organisationen,
- Entflechtung von Großindustrie und Großbanken,
- Umerziehung („reeducation“) des deutschen Volkes,
- Entfernung von Nationalsozialisten aus führenden Positionen,
- Bestrafung von aktiven Nationalsozialisten.

Die Entnazifizierung in den Westzonen dauerte bis 1950. Ihre Ziele wurden kaum erreicht. Die Klassifizierung der Betroffenen in Hauptschuldige, Belastete, Minderbelastete, Mitläufer und Entlastete sollte durch Fragebögen erreicht werden, was in der Praxis nicht möglich war. Viele Nazis kamen deshalb ungeschoren davon und erhielten oft noch einen so genannten „Persilschein“, der sie von allen Vorwürfen entlastete.

5

NÜRNBERGER PROZESSE Die 24 Hauptverantwortlichen für die Nazi-Verbrechen wurden ab November 1945 in Nürnberg vor ein internationales Gericht gestellt. Die Anklagepunkte im Nürnberger Prozess lauteten:

1. Kriegsverbrechen
2. Verbrechen gegen die Menschlichkeit
3. Verbrechen gegen den Frieden

Nach einjähriger Verhandlung wurden 12 Angeklagte zum Tod verurteilt, 7 Angeklagte zu langjährigen bzw. lebenslangen Haftstrafen verurteilt, 3 Angeklagte freigesprochen, NSDAP, Gestapo, SS und SD zu verbrecherischen Organisationen erklärt. Die zum Tod verurteilten NS-Funktionäre wurden am 16.10.1946 hingerichtet.

Die Beurteilung des Nürnberger Prozesses ist kontrovers. Negative Aspekte sind: Die Richter stammten aus den Siegerstaaten (Vorwurf der „Siegerjustiz“); der An-

klagepunkt „Führen eines Angriffskriegs“ war bis zu diesem Zeitpunkt nicht unter Strafe gestellt (Vorwurf, gegen den Rechtsgrundsatz „Keine Strafe ohne Gesetz“ verstoßen zu haben); es wurden nur deutsche, nicht alliierte Kriegsverbrechen abgeurteilt (Vorwurf der Ungleichbehandlung).
Positive Aspekte sind: Die NS-Führungsspitze wurde ausgeschaltet, NS-Verbrechen wurden in einem bisher nicht bekannten Ausmaß enthüllt, das internationale Recht wurde durch den Prozess weiterentwickelt.

POLTISCHER NEUANFANG Der Neuanfang sollte von politisch unbelasteten Deutschen durchgeführt werden. Die Alliierten griffen deshalb bei der Besetzung von Ämtern in Politik und Verwaltung, aber auch bei der Vergabe von wichtigen Positionen in der Wirtschaft vorwiegend auf Gegner des NS-Regimes zurück, die emigriert oder geflohen waren und nun allmählich nach Deutschland zurückkehrten. Besonders in der amerikanisch besetzten Zone wurde auf einen **Aufbau der Demokratie von unten nach oben** Wert gelegt, die Länder Bayern, Württemberg-Baden und Hessen wurden noch 1945 wiedergegründet.
In der britischen Zone entstanden die neuen Länder erst später: Nordrhein-Westfalen und Schleswig-Holstein im August 1946, Niedersachsen im November 1946. Diese Länder hatten wesentlich weniger Befugnisse als die in der amerikanischen Zone, ebenso verhielt es sich mit den Ländern der französischen Zone Rheinland-Pfalz, Württemberg-Hohenzollern und Süd-Baden (1946).

Erste Ansätze zur **Gründung bzw. Wiedergründung politischer Parteien**, deren Zulassung schon im Potsdamer Abkommen vorgesehen war, gab es schon unmittelbar nach dem Zusammenbruch im Mai 1945. Vor allem die junge Generation strebte nach neuer geistiger, moralischer und politischer Orientierung. Zudem wollte man versuchen, auf parteipolitischer Ebene Einfluss auf die Besatzungsmächte und die weitere Entwicklung in Deutschland zu nehmen.

Die Amerikaner und Briten standen der Entstehung von Parteien positiv gegenüber und favorisierten ein Zwei-Parteien-System. Die Franzosen verhielten sich abwartend. Alle Westalliierten sahen in der demokratischen Grundeinstellung die unbedingte Voraussetzung für die Genehmigung einer politischen Tätigkeit von Deutschen. Ab Herbst 1945 wurden nach und nach die politischen Parteien in den Westzonen zugelassen.

POLITISCHE PARTEIEN IN DEN WESTZONEN

CDU	christliche Volkspartei, vereinte Katholiken und Protestanten, Durchsetzung einer eher konservativen Richtung unter Konrad Adenauer, Entscheidung für die soziale Marktwirtschaft, seit 1950 als Bundespartei aktiv
CSU	christliche Volkspartei, bewusstes Eintreten für den Föderalismus und die Eigenstaatlichkeit Bayerns
SPD	Wandlung von der Arbeiterpartei zur Volkspartei unter Kurt Schumacher, Abgrenzung zu den Kommunisten, Entscheidung für einen demokratischen Sozialismus und eine gerechte Wirtschaftsordnung

FDP	Zusammenschluss liberaler politischer Gruppen, Werte: „Nation“, „Freiheit“ und „Menschenwürde“
Außerdem: eine Vielzahl von kleineren Parteien wie die KPD, das Zentrum, die Niedersächsische Landespartei, die Bayernpartei, die Wirtschaftliche Aufbauvereinigung usw., die aber im politischen Leben der frühen Bundesrepublik keine nennenswerte Rolle spielten.	

WIRTSCHAFTSPOLITISCHE ENTSCHEIDUNGEN Im Potsdamer Abkommen wurde festgelegt, dass Deutschland als **wirtschaftliche Einheit** behandelt werden sollte; trotzdem wurde es in ein östliches und ein westliches Reparationsgebiet geteilt. Dies stellte einen Widerspruch dar, der bald zu Konflikten führte, da die Besatzungsmächte mit den Reparationen unterschiedlich umgingen. Der UdSSR waren aufgrund ihrer immensen Verluste im Zweiten Weltkrieg Entnahmen aus den Westzonen zugebilligt worden. Als aber die im Gegenzug zu leistenden Lieferungen von Nahrungsmitteln aus der SBZ nach Westen ausblieben, stellten die USA im Mai 1946 die Lieferung von Industrie- und Verkehrsanlagen in die Sowjetunion ein. Diese Maßnahme wurde von der europäischen Öffentlichkeit als Sensation aufgenommen, sie markiert zugleich einen **Wendepunkt in den Nachkriegsbeziehungen** zwischen USA und UdSSR.

MARSHALLPLAN UND WÄHRUNGSREFORM

- US-Außenminister Byrnes gab in seiner **Stuttgarter Rede** vom 6.9.1946 die Wende der amerikanischen Besatzungspolitik bekannt.

- Errichtung des „Vereinigten Wirtschaftsgebietes" **(Bizone)** im Januar 1947 (Vereinigung der britischen und amerikanischen Zone in wirtschaftlichen Fragen). Ziel: Schaffung eines größeren Wirtschaftsgebietes.
- **Marshallplan-Hilfe** (European Recovery Program, ERP) seit Juni 1947 für Europa. Ziele: Wirtschaftliche Stärkung des Handelspartners Europa, Stabilisierung der demokratisch-pluralistischen Gesellschaftsordnungen in Westeuropa. Von ca. 14 Milliarden Dollar flossen 1,4 Milliarden Dollar nach Westdeutschland. Die UdSSR hatte den Ländern in ihrer Einflusssphäre die Annahme verboten.
- Durchführung einer **Währungsreform** in den drei Westzonen am 20. 6. 1948: Die D-Mark löste die wertlos gewordene Reichsmark ab. Jeder Deutsche erhielt 40 (später noch einmal 20) Deutsche Mark. Löhne, Gehälter, Pensionen und Mieten wurden im Verhältnis 1 : 1, Schulden und Sparguthaben im Verhältnis 10 : 1 umgestellt. Dies bedeutete einen realen Zugewinn für die Besitzer von Sachwerten und Grundbesitz, während die „kleinen Leute", Arbeiter, Angestellte, Beamte und Rentner, ihre Ersparnisse verloren.
- Die Währungsreform belebte die Wirtschaft, da die Menschen in die neue Währung Vertrauen hatten. Die Schaufenster und Regale waren über Nacht gefüllt, der Schwarzmarkt verschwunden.
- **Leitsätze-Gesetz**: Gleichzeitig mit der Währungsreform setzte der spätere Wirtschaftsminister Ludwig Erhard die Aufhebung der Zwangswirtschaft durch. Die Entscheidung für die **soziale Marktwirtschaft** war gegen den Willen der SPD gefallen, die Preissteigerungen und Nachteile für die sozial Schwachen befürchtete.

GRÜNDUNG DER BUNDESREPUBLIK DEUTSCHLAND Noch Anfang Juni 1947 hatte der bayerische Ministerpräsident Hans Ehard seine Amtskollegen aus allen Ländern der Besatzungszonen nach München eingeladen, um wirtschaftliche Probleme zu besprechen. Doch als die Gespräche schon an der Tagesordnung scheiterten und die Ministerpräsidenten der SBZ abreisten, zeigte sich, dass die Auseinanderentwicklung der östlichen und westlichen Besatzungszonen nicht mehr aufzuhalten war. Die USA betrieben nun mit Vehemenz den Ausbau der Bizone zur **Trizone** und damit faktisch die Gründung eines westdeutschen Staates. Als Frankreich seinen Widerstand gegen eine Zusammenlegung der drei Westzonen aufgegeben hatte, einigten sich die Westalliierten auf der **Londoner Außenministerkonferenz** im März 1948 auf die Herstellung der westdeutschen Einheit. Die Sowjetunion, die von diesem Schritt nicht unterrichtet worden war, zog ihren Vertreter aus dem Alliierten Kontrollrat ab, die gemeinsame Besatzungspolitik war damit beendet. Die Verfassungsberatungen in den Westzonen begannen.

Aspekte der Verfassungsberatungen:
- Vorgabe der Alliierten (außer Großbritannien): Stärkung der Länderhoheit (Föderalismus).
- Übereinstimmung der Parteien: Ausschaltung der Diktatur in jeder Form, Gewährleistung von Handlungsfreiheit und Selbstbestimmung, Sicherung der Freiheitsrechte des einzelnen Bürgers, Bemühen um einen sozialen Rechtsstaat.

GRUNDGESETZ
- provisorischer Charakter,
- Gültigkeit unter alliierten Vorbehalten,

- Vorrang und Unaufhebbarkeit der Grund- und Menschenrechte,
- Wiedervereinigung und sozialer Rechtsstaat als Ziel,
- gemeinsame Basis für alle demokratischen Parteien,
- konstruktives Misstrauensvotum,
- Parteien als verfassungsrechtliche Institutionen, die an der politischen Willensbildung des Volkes mitwirken,
- Konzentration der staatlichen Macht auf Bundestag, Bundesrat und Bundeskanzler,
- Beschränkung des Bundespräsidenten auf die Aufgaben des Staatsoberhauptes.

WICHTIGE STATIONEN AUF DEM WEG ZUR GRÜNDUNG DER BUNDESREPUBLIK DEUTSCHLAND:

1.7.1948	Übergabe der Frankfurter Dokumente (zur Einberufung einer verfassunggebenden Nationalversammlung) an die Ministerpräsidenten der westdeutschen Länder
	Ablehnung der Frankfurter Dokumente durch die Ministerpräsidenten, die eine Festschreibung der Spaltung Deutschlands befürchteten
	Zugeständnis der Alliierten: Verwendung des Begriffs „Grundgesetz“ (statt „Verfassung“), um dem vorläufigen Charakter Rechnung zu tragen, Annahme durch die Länderparlamente (statt einer Volksabstimmung), da nicht das ganze deutsche Volk abstimmen konnte

1.9.1948	Einsetzung eines „Parlamentarischen Rats“ (Präsident: Konrad Adenauer) zur Erarbeitung des Grundgesetzes
Mai 1949	Vorlage des Verfassungsentwurfs des Parlamentarischen Rats bei den Alliierten und Länderparlamenten
23.5.1949	Inkrafttreten des Grundgesetzes
August 1949	Wahl zum ersten deutschen Bundestag, Konrad Adenauer (CDU) wurde Bundeskanzler; Theodor Heuss (FDP) Bundespräsident.

Verhältnisse in der östlichen Besatzungszone

DIE SITUATION NACH DEM ZUSAMMENBRUCH In der sowjetisch besetzten Zone (SBZ) waren die Verhältnisse nach 1945 kaum anders als im Westen Deutschlands: Städte waren zerbombt, Infrastruktur und Wirtschaft waren zerstört. Die Sowjetunion bestimmte als Besatzungsmacht die **Ziele der Politik**:

- Entmilitarisierung Deutschlands (zur Gewährleistung der eigenen Sicherheitsinteressen) und
- Reparationen (für den eigenen Wiederaufbau).
- Diese Punkte waren durch das Potsdamer Abkommen gedeckt. Unausgesprochen kam hinzu:
- Schwächung Deutschlands (als Voraussetzung für die Ausdehnung des sowjetischen Macht- und Einflussbereiches bis in die Mitte Europas).

SOWJETISIERUNG DER SBZ In der SBZ errichtete die „Sowjetische Militäradministration in Deutschland" **(SMAD)** im Juli 1945 mit Billigung des Alliierten Kontrollrates die Länder Mecklenburg-Vorpommern, Sachsen, Thüringen, Brandenburg und Sachsen-Anhalt. Dort wurden zwar viele sozialdemokratische und bürgerliche Politiker eingesetzt; Schlüsselstellungen in den übergeordneten Zentralverwaltungen behielt die SMAD allerdings sowjetfreundlichen Kommunisten vor, meist ehemalige Moskauer Emigranten, die in der sowjetisch besetzten Zone einen sozialistischen Staat errichten sollten **(Gruppe Ulbricht)**.
In der SBZ wurden politische Parteien sehr rasch zugelassen. Schon vor der Potsdamer Konferenz schlossen sich die SPD, CDU, LDPD und die anderen Parteien unter der Führung der KPD zum „Block antifaschistisch-demokratischer Parteien" **(Antifa-Block)** zusammen. Die Ost-SPD unter Otto Grotewohl gab dem Druck der Kommunisten nach und stimmte im April 1946 der Vereinigung von SPD und KPD zur **„Sozialistischen Einheitspartei Deutschland"** (SED) zu. Darin hatten die Kommunisten die Führungspositionen inne, die SPD war als Arbeiterpartei ausgeschaltet.
Aus den Kreis- und Landtagswahlen im Herbst 1946 sollte nach den Vorstellungen der sowjetischen Militärregierung die SED als stärkste politische Kraft hervorgehen. Obwohl CDU und LDPD massiv behindert wurden, entfielen auf sie mehr als die Hälfte der Stimmen. Die SMAD, die die Vorrangstellung der Kommunisten gefährdet sah, reagierte mit Druck. Die SED wurde zur **Kaderpartei** umgestaltet, oppositionelle Kräfte innerhalb der Partei ausgeschaltet. Die Einheitsgewerkschaft **(FDGB)** wurde zum Kontrollorgan von Produktionsplänen und Arbeitsnormen.

WIRTSCHAFTLICHE VERÄNDERUNGEN IN DER SBZ Die SBZ sollte im Sinn des Marxismus zu einem kommunistischen Staat umgewandelt werden. Das erforderte neben der politischen auch eine weitreichende wirtschaftliche Umgestaltung. Dazu wurden Banken, Sparkassen, Schwer- und Schlüsselindustrien verstaatlicht, Grundbesitz umverteilt, Großunternehmen in „Sowjetische Aktiengesellschaften" **(SAGs)** umgewandelt, „Volkseigene Betriebe" **(VEBs)** gebildet und die **Planwirtschaft** eingeführt. Am 23.6.1948 wurde als unmittelbare Reaktion auf die Einführung der DM im Westen eine **Währungsreform durchgeführt**, die aber schon langfristig geplant war.

GRÜNDUNG DER DDR Die Gründung der DDR erfolgte einige Monate nach der Gründung der Bundesrepublik Deutschland. Dies sollte den Anschein erwecken, als hätte der Westen das Auseinanderbrechen der deutschen Besatzungszonen zementiert und die SMAD würde nur darauf reagieren. In Wirklichkeit hatte man sich in der SBZ schon seit 1946 Gedanken über eine Verfassung gemacht.

Stationen auf dem Weg zur Gründung der Deutschen Demokratischen Republik:

- Initiierung einer **Volkskongressbewegung** (1947)
- Im Oktober 1948 legte der **„Deutsche Volksrat"**, der aus dem 2. Volkskongress im März hervorgegangen war und den Anspruch erhob, ganz Deutschland zu repräsentieren, einen **Verfassungsentwurf** vor, der auf den Vorstellungen der SED von 1946 basierte und vom 3. Volkskongress im Mai 1949 bestätigte wurde.
- Am **7.10.1949** wurde diese Verfassung in Kraft gesetzt, damit war die DDR gegründet.

- Der „Deutsche Volksrat“ erklärte sich selbst zur „Provisorischen Volkskammer“, Otto Grotewohl (SED, früher SPD) wurde Regierungschef, **Wilhelm Pieck** (SED, früher KPD) erster Präsident der DDR.

VERFASSUNG DER DDR
- Modell für ganz Deutschland.
- DDR als Volksdemokratie, keine repräsentative Demokratie, kein Parteienpluralismus.
- Volkskammer als höchstes Verfassungsorgan (vereinte Regierungs-, Gesetzgebungs- und Justizfunktion), keine Gewaltenteilung.
- Die Volkskammer besaß das Recht zur Kontrolle der Justiz und zur Ernennung und Absetzung der Richter.
- Verzicht auf Grundrechte und das Streikrecht.
- Der Boykott-Hetze-Artikel 6 eröffnete die Möglichkeit, die Opposition zu unterdrücken und strafrechtlich gegen sie vorzugehen.

Die doppelte Staatsgründung

1949 wurden zwei deutsche Staaten gegründet: die Bundesrepublik Deutschland und die Deutsche Demokratische Republik. Während die Bundesrepublik Deutschland dem westlichen Bündnis angehörte, wurde die DDR in die sozialistische Staatengemeinschaft integriert. Der Systemunterschied zeigt sich auch in den unterschiedlichen Verfassungen der beiden deutschen Staaten.

Schematische Darstellung des Grundgesetzes der Bundesrepublik Deutschland:

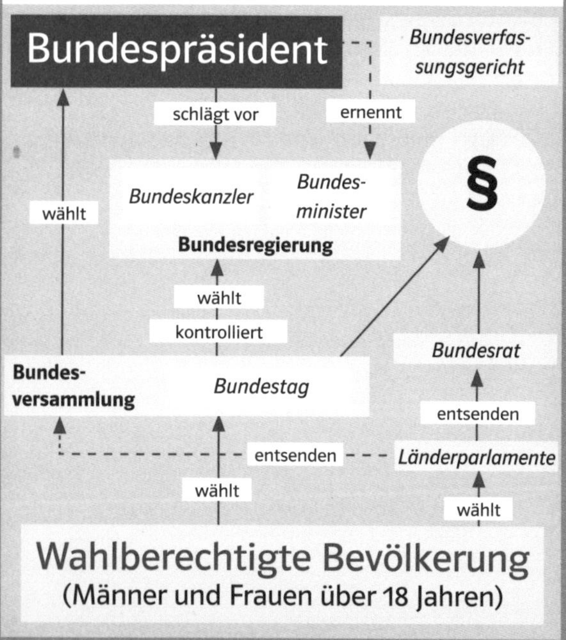

Schematische Darstellung der Verfassung der DDR (1949):

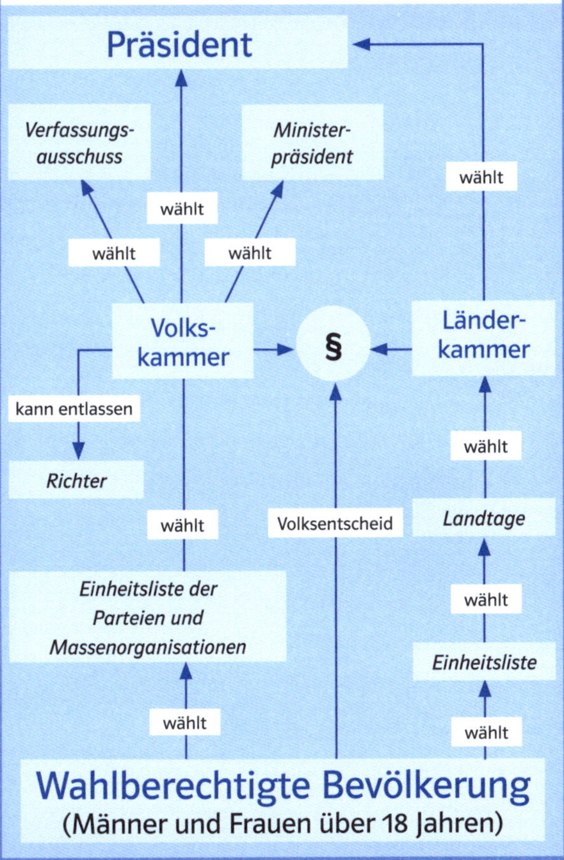

Kalter Krieg und Wirtschaftswunder

QUICK-FINDER

Der Ost-West-Konflikt ➔ **S. 169**

Europa im Aufbruch

- Der Prager Frühling 1968 ➔ **S. 171**
- Die Anfänge der europäischen Gemeinschaft ➔ **S. 172**

Die Entwicklung der Bundesrepublik Deutschland

- Deutschland unter Adenauer ➔ **S. 174**
- Wiederbewaffnung und Westorientierung ➔ **S.175**
- Die Stalin-Noten (1952) ➔ **S. 175**
- Wirtschaftswunder unter Ludwig Erhard ➔ **S. 176**
- Das Ende der Ära Adenauer ➔ **S. 177**
- Die Regierungszeit Ludwig Erhards ➔ **S. 178**
- Große Koalition ➔ **S. 178**
- Die Außerparlamentarische Opposition ➔ **S. 179**

Die Entwicklung der DDR

- Umgestaltung nach sowjetischem Muster ➔ **S. 180**
- Das Krisenjahr 1953 ➔ **S. 182**
- Fluchtbewegung ➔ **S. 183**
- Mauerbau ➔ **S. 184**
- Wirtschaftliche Stabilisierung ➔ **S. 185**

Der Ost-West-Konflikt

Anfang der 50er-Jahre wurde immer deutlicher, dass die Großmächte USA und UdSSR unterschiedliche Ziele verfolgten. Stalins Nachfolger Chruschtschow versuchte, den sowjetischen Einflussbereich auszudehnen. Gelegenheit dazu gab es im **Korea-Krieg** (1950–53). Während des **Ungarn-Aufstandes** 1956 wurde aber deutlich, dass die Westmächte den Status quo akzeptierten und keinen Krieg riskieren wollten. Die von US-Außenminister Dulles 1953 angekündigte **Roll-Back-Politik** war an ihre Grenzen gestoßen, seit die UdSSR über die Wasserstoffbombe verfügte. Der von der UdSSR gestartete erste künstliche Erdsatellit in der Umlaufbahn manifestierte den Vorsprung gegenüber den USA und zeigte, dass diese auf ihrem eigenen Territorium angreifbar waren (**Sputnik-Schock**). Dies führte in den USA zu einem Umdenken. Das Konzept der **massiven Vergeltung** (sofortiges Überschreiten der Atomschwelle) und die Containment-Politik waren angesichts des atomaren Patts in Frage gestellt; das Konzept der **angemessenen Reaktion** (die USA wollen mit den gleichen Waffen zurückschlagen, mit denen die Sowjets angreifen) war die Folge, es wurde in den USA von Präsident **John F. Kennedy** vertreten. Die Erkenntnis, dass die beiden Großmächte einander nicht besiegen, aber sich selbst und die andere Großmacht auslöschen könnten, führte zur Festigung der Einflusssphären. Trotzdem versuchten die beiden Supermächte ihren Einflussbereich auszudehnen. Dies sollte aber nicht in direkter Konfrontation geschehen. Dass die Schauplätze für eine machtpolitische Auseinandersetzung in Länder der Dritten Welt verlegt wurden (so genannte **Stellvertreter-Kriege**), zeigt sich in internationalen Krisen wie der Kuba-Krise und dem Vietnam-Krieg.

5

DIE KUBA-KRISE	
1959	Der kubanische Kommunistenführer **Fidel Castro** stürzt die USA-nahe Regierung des Diktators Batista und schließt mit der UdSSR ein Militärabkommen.
1961	Eine von den USA unterstützte Rückeroberung Kubas durch Exilkubaner scheitert.
1962	Errichtung von Abschussrampen für Mittelstreckenraketen auf Kuba durch die Sowjets, die die amerikanischen Großstädte im Süden und Südosten des Landes direkt bedrohten.
	US-Seeblockade über Kuba und Androhung einer Invasion, falls die Raketenbasen nicht zerstört und die Raketen nicht abgezogen werden würden.
	Einlenken Chruschtschows Ende Oktober: Er stimmte einem militärischen Rückzug zu, Kennedy verzichtete auf eine Invasion und zog Raketen aus der Türkei ab, die eine Bedrohung für die Sowjetunion darstellten.
	Ein Atomkrieg wurde nur knapp verhindert. Umdenken bei den führenden Staatsmännern in Ost und West: Auf die Konfrontationspolitik folgt nun eine **Phase der Entspannung**, die insbesondere von den USA ausging. Die UdSSR setzte weiter auf Aufrüstung.
1963	Einrichtung eines „heißen Drahts“ zwischen den USA und der Sowjetunion unter dem neuen Staatschef Leonid Breschnew zur sofortigen Klärung von Spannungen.

Europa im Aufbruch

DER PRAGER FRÜHLING 1968 Im Osten Europas hatte die Sowjetunion ihre Macht weitgehend stabilisiert; Polen, die CSSR, Ungarn, Rumänien und Bulgarien waren Mitglieder der sozialistischen Wirtschaftsgemeinschaft **COMECON** und des **Warschauer Paktes**, dem von der Sowjetunion gelenkten Militärbündnis, geworden. Jugoslawien hatte unter seinem Staatschef Tito mit Billigung der sowjetischen Führung einen eigenen Weg zum Sozialismus eingeschlagen, der sich an den Vorgaben der UdSSR nur lose orientierte.

Ähnlich wie Jugoslawien hatte sich die Tschechoslowakei nach 1945 bemüht, eine Zwischenstellung zwischen Ost und West einzunehmen. Diese Bestrebungen wurden Mitte der 60er-Jahre wieder aktuell, da aufgrund der Vorrangstellung der Schwerindustrie die Bevölkerung den Mangel an Verbrauchsgütern und den niedrigen Lebensstandard als unerträglich empfand. Der Führer der KPC **Alexander Dubček** wollte einen **„Sozialismus mit menschlichem Antlitz“** schaffen und unterbreitete Reformvorschläge, die in der Bevölkerung große Zustimmung fanden. Er forderte Meinungs-, Versammlungs- und Reisefreiheit, Einschränkung der Macht der kommunistischen Partei und die Möglichkeit zu mehr Eigeninitiative in der Wirtschaft.

Am 1.5.1968 fand ein Protestmarsch in Prag statt, dem Hunderttausende Reformwillige folgten. Dies war für die UdSSR das Signal zum Einschreiten: Am 21. August marschierten sowjetische Truppen – unterstützt von Armeeeinheiten aus den anderen sozialistischen „Bruderländern“ – in die CSSR ein, um die Reformbewegung niederzuschlagen und Dubček und seine Mitstreiter ihres Amtes zu entheben und zu verhaften. Der **Prager Frühling** fand damit im Herbst 1968 ein jähes Ende.

DIE ANFÄNGE DER EUROPÄISCHEN GEMEINSCHAFT Während in Osteuropa die UdSSR die politische Richtung vorgab, blieb im Westen offen, auf welchem Weg die von Churchill und anderen angedachte Einigung Europas verwirklicht werden sollte. Klar war, dass Europa nicht länger nur eine Vision bleiben, sondern konkrete Gestalt annehmen sollte. Dies lag auch im Interesse der USA, die angesichts des aufkommenden Kalten Krieges ein wirtschaftlich und politisch gestärktes Europa befürworteten.

Die sich anbahnende deutsch-französische Freundschaft und das Wissen um die wirtschaftliche Konkurrenzfähigkeit der Vereinigten Staaten von Europa vertieften den Europagedanken. Das Zusammenrücken der europäischen Staaten erfolgte in Etappen und verlief nicht ohne Rückschläge. Dies sind die wichtigsten Stationen:

- **Schuman-Plan**: Schon 1950 unterbreitete der französische Außenminister Robert Schuman den Vorschlag, die französische und deutsche Kohle- und Stahlproduktion einer gemeinsamen Behörde zu unterstellen. Die Gefahr eines Krieges zwischen Deutschland und Frankreich schien damit gebannt. Zudem sollte für die Montanindustrie auf diese Weise ein Absatzmarkt ohne Zollschranken geschaffen werden, was Westeuropa helfen würde, sich im weltweit zunehmenden Konkurrenzkampf zu behaupten.
- Als Ergebnis des Schuman-Planes wurde 1951 die Europäische Gemeinschaft für Kohle und Stahl (**EGKS**,

auch **Montanunion** genannt) geschaffen. Mitgliedstaaten: Frankreich, Deutschland, Niederlande, Belgien, Luxemburg und Italien.
- 1952 sollte die Europäische Verteidigungsgemeinschaft (**EVG**) gegründet werden. Damit wäre die Bundesrepublik Deutschland in ein westeuropäisches Verteidigungsbündnis einbezogen worden. Dies hätte zwar durch die damit verbundene Wiederbewaffnung eine weltweite Aufwertung für Westdeutschland bedeutet, es hätte aber auch den europäischen Staaten die Möglichkeit eröffnet, diese Wiederbewaffnung zu kontrollieren. Die EVG scheiterte 1954 an der Ablehnung Frankreichs, woraufhin die Bundesrepublik Deutschland der Westeuropäischen Union (**WEU**) beitrat. Dies wurde durch die **Pariser Verträge** (Oktober 1954) festgeschrieben, wonach Westdeutschland auch Mitglied in der NATO (Verzicht auf ABC-Waffen) werden sollte. Die Folge davon waren die Beendigung des Besatzungsregimes und die Souveränität Deutschlands 1955 sowie seine Wiederbewaffnung.

Weitere Schritte zu einem einigen Europa:
- In den **Römischen Verträgen** (25.3.1957) wurde die Schaffung der Europäischen Wirtschaftsgemeinschaft (**EWG**) und der Europäischen Atomgemeinschaft (**Euratom**) festgeschrieben.
- 1967 wurde durch Zusammenlegung von EWG, EGKS und Euratom die **Europäische Gemeinschaft** (EG) geschaffen, die zuerst in eine Zollunion, später in eine Wirtschafts- und Währungsunion und schließlich in eine politische Union münden sollte.
- Bis 1968 wurde die Zollunion vollendet; damit waren innerhalb der EG alle Binnenzölle abgeschafft.

Die Entwicklung der Bundesrepublik Deutschland

DEUTSCHLAND UNTER ADENAUER Konrad Adenauer (CDU) war vierzehn Jahre lang Bundeskanzler – vom ersten Bundestag 1949 bis zu seinem Rücktritt 1963. Er verfolgte als erster Bundeskanzler der neu gegründeten Republik das Ziel, die volle Souveränität Deutschlands wiederherzustellen und das Land wieder als verlässlichen Partner in der internationalen Politik zu etablieren. Ausdruck dieses Bemühens waren **freundschaftliche Beziehungen zu den USA**, der **Elysée-Vertrag** über die deutsch-französische Zusammenarbeit (1963) und die Aufnahme **diplomatischer Beziehungen zu Israel** (1965).

Unter Adenauers Kanzlerschaft nahm die Bundesrepublik Deutschland die politische Gestalt an, die sie bis in die 80er-Jahre besaß: Das Parteienspektrum war relativ einheitlich und übersichtlich. Es gab nur wenige große Parteien (CDU/CSU, SPD, FDP), die allesamt **Volksparteien** (die SPD seit dem Godesberger Programm von 1959) waren, also die Interessen aller Bürger, nicht nur einer kleinen Gruppe vertraten. Das Parteienspektrum wird durch die **Fünf-Prozent-Klausel** eingegrenzt, die seit 1953 bei Bundestagswahlen gilt. Die politische Führungsrolle liegt beim Kanzler **(Kanzlerdemokratie)** und der Regierungsfraktion, das Amt des Bundespräsidenten ist auf repräsentative Aufgaben beschränkt. Die Bundesrepublik Deutschland ist dem Gedanken der **sozialen Marktwirtschaft** verpflichtet.

Die innere Souveränität musste den Besatzern Stück für Stück abgerungen werden, z. B. durch das Petersberger Abkommen (Beitritt Westdeutschlands zur Ruhrbehörde, November 1949), das die Demontagen einschränkte, der Bundesrepublik Deutschland die Möglichkeit eröffnete, Mitglied in internationalen Organisationen zu werden und diplomatische Beziehungen zu anderen Staaten aufzunehmen. Mit der Ratifizierung des **Deutschlandvertrages** 1955 war die Bundesrepublik Deutschland ein weitgehend **souveräner Staat**.

WIEDERBEWAFFNUNG UND WESTORIENTIERUNG Unter dem Eindruck des Korea-Krieges traten Großbritannien und die USA dafür ein, Westdeutschland an einer europäischen Armee zu beteiligen. Frankreich lehnte die Europaarmee ab, woraufhin die Bundesrepublik der WEU und der NATO beitrat. Der Abgrenzung zur DDR diente die **Hallstein-Doktrin**, die den Alleinvertretungsanspruch der Bundesrepublik festschrieb. Im Bewusstsein, dass eine starke Mitte Europas ein Garant für einen dauerhaften Frieden sein würde, setzten sich Adenauer und der französische Staatspräsident Charles de Gaulle für die Aussöhnung der beiden Staaten ein. Adenauers außenpolitisches Ziel war eine Anbindung der Bundesrepublik Deutschland an die westliche Welt, insbesondere an die USA.

Viele Deutsche protestierten aufgrund ihrer Erfahrungen in zwei Weltkriegen gegen den **Aufbau der Bundeswehr**. Adenauer setzte diesen aber gegen den Widerstand der SPD und der Kirchen durch, weil er der Ansicht war, dass nur durch eine Politik der Stärke Verbesserungen im Verhältnis der beiden deutschen Staaten erreicht werden könnten.

DIE STALIN-NOTEN (1952) Während die Verhandlungen über einen deutschen Wehrbeitrag und um die Aufnahme der Bundesrepublik Deutschland in das westliche Verteidigungsbündnis im Gang waren, kam aus der Sow-

jetunion ein **Angebot zur Vereinigung der beiden deutschen Staaten**. In der ersten von insgesamt vier Noten bot Stalin am 10. 3. 1952 Folgendes an:
- einen Friedensvertrag für Deutschland,
- die Herstellung Deutschlands als einheitlichen Staat,
- eigene nationale Streitkräfte für Deutschland.

Als Konsequenz sah diese Note vor:
- die Neutralität Deutschlands,
- den Abzug aller Besatzungstruppen,
- die Garantie der demokratischen Freiheiten,
- die Anerkennung der Grundrechte,
- ein Verbot aller friedensfeindlicher, antidemokratischer Organisationen,
- die Grenzziehung entsprechend den Beschlüssen des Potsdamer Abkommens.

Da Adenauer Stalin misstraute und aus den Erfahrungen mit dem Potsdamer Abkommen wusste, dass der **Begriff der Demokratie** nicht eindeutig war, wurde das sowjetische Angebot trotz eines mehrmonatigen Notenwechsels zwischen den Westmächten und der Sowjetunion nie ernsthaft geprüft.

WIRTSCHAFTSWUNDER UNTER LUDWIG ERHARD Die 50er-Jahre brachten innenpolitische Stabilität. Das lag vor allem an der von Wirtschaftsminister Ludwig Erhard (CDU) gesteuerten Wirtschafts- und Sozialpolitik. Erhards Konzept der **sozialen Marktwirtschaft** versuchte die liberalen Ideen des freien Wettbewerbs und des Privateigentums mit den Prämissen des Sozialstaates zu vereinen. Dies gelang so gut, dass man bald vom deutschen **Wirtschaftswunder** sprach. Die Gründe dafür

waren die Konkurrenzfähigkeit der deutschen Waren auf dem Weltmarkt aufgrund ihrer hohen Qualität, dem niedrigen Lohnniveau und der allgemein günstigen Entwicklung der Weltwirtschaft.
Die Wahlkampfparole „Wohlstand für alle“ war zwar hoch gegriffen, doch standen Ende der 50er-Jahre ausreichend Wohnungen zur Verfügung, die Menschen konnten ihre Konsumwünsche befriedigen, Urlaub und Urlaubsreisen waren üblich geworden, die Fünf-Tage- bzw. 40-Stunden-Woche begann sich durchzusetzen.
Zur Stabilisierung der sozialen Verhältnisse trug auch der **Lastenausgleich** bei. Dabei handelte es sich um die schrittweise Umverteilung von Vermögen zwischen den Bevölkerungsgruppen, die durch den Krieg Vermögen verloren hatten (z. B. Flüchtlinge und Vertriebene), und denen, die aufgrund günstiger Bedingungen (etwa, weil sie in den Westzonen lebten) ihren Besitz behalten konnten.

DAS ENDE DER ÄRA ADENAUER Ende der 50er-Jahre schwand die Autorität der Regierung Adenauer. Die Bundestagswahl von 1961 brachte für die CDU/CSU 45,3 % der Stimmen, so dass sie eine Koalition mit der FDP eingehen musste. Der Koalitionspartner favorisierte den liberaleren Ludwig Erhard als Bundeskanzler und drängte Adenauer, auf das Amt des Kanzlers zu verzichten. Doch erst eine innenpolitische Krise, die **„Spiegel-Affäre“**, ließ Adenauer umschwenken. Als das Nachrichtenmagazin „Der Spiegel“ einen kritischen Bericht über ein NATO-Manöver veröffentlichte, ließ der damalige Verteidigungsminister Franz Josef Strauß die Redaktionsräume des „Spiegel“ durchsuchen und den Herausgeber Rudolf Augstein sowie mehrere Redakteure wegen Verdachts auf

Landesverrat verhaften. Strauß hatte damit seine Befugnisse klar überschritten, doch Adenauer stärkte ihm den Rücken. Der Koalitionspartner FDP, der im Vorgehen von Strauß eine Verletzung der Grundrechte sah, verließ das Kabinett. Um die Krise zu beheben, drängte Adenauer Strauß zum Rücktritt und bildete eine neue Regierung. Im Jahr darauf trat der 87-Jährige nach schweren Niederlagen in Landtagswahlen zurück. Sein Nachfolger wurde Ludwig Erhard.

DIE REGIERUNGSZEIT LUDWIG ERHARDS Ludwig Erhard trat 1963 das Erbe Adenauers an. Als er sich 1965 der Wiederwahl stellte, verfehlte er mit einem Ergebnis von 47,6 % nur knapp die absolute Mehrheit. Erhard sah sich selbst als „Volkskanzler über den Parteiungen", was seinen Ausdruck in der Idee der **„formierten Gesellschaft"** fand. Dies bedeutet nach Erhard eine gesellschaftliche Ordnung, in der der Einzelegoismus gegenüber den Erfordernissen eines in seiner Autorität gestärkten Staates zurücktritt. Kritiker fühlten sich an autoritäre Staatsvorstellungen und NS-Parolen („Volksgemeinschaft") erinnert.
Mitte der 60er-Jahre fand das Wirtschaftswachstum ein Ende, die Baubranche kam in die Krise, Firmen gingen in Konkurs, Kurzarbeit zwang viele Arbeitnehmerhaushalte zu Sparmaßnahmen, die Zahl der Arbeitslosen stieg erstmals seit dem Krieg. Die Bevölkerung war zwar von der ersten Wirtschaftskrise seit dem Ende des Zweiten Weltkrieges verunsichert, nahm aber die Maßhalteappelle Ludwig Erhards nicht ernst.

DIE GROSSE KOALITION Als einschneidende Maßnahmen zur Sanierung des Haushaltes unumgänglich wurden, kündigte die FDP 1966 die Koalition. Der Bundes-

tag wählte daraufhin mit der Mehrheit der Stimmen aus CDU/CSU und SPD Kurt Georg Kiesinger (CDU) zum Kanzler der Großen Koalition.
Zugleich kam es zu politischer Verunsicherung und zu Protestwahlverhalten in Landtagswahlen. In Hessen, Bremen und Bayern gelang der erst 1964 gegründeten rechten Nationaldemokratischen Partei Deutschlands (NPD) der Einzug in die Länderparlamente.

DIE AUSSERPARLAMENTARISCHE OPPOSITION In der Diskussion um die Notstandsgesetze sammelten sich deren Gegner zu einer breiten außerparlamentarischen Opposition (APO) auf der Straße. Vor allem Schüler, Studenten und Professoren protestierten gegen die Notstandsgesetze, etablierte Lebensformen, Konsum, autoritäre Diktaturen (wie das Schah-Regime in Persien), die Springer-Presse (der man Demagogie vorwarf) und den Vietnam-Krieg (den man als imperialistischen Eroberungskrieg bezeichnete). Beim Besuch von Schah Reza Pahlewi in Berlin (Juni 1967) kam es zu gewaltsamen Ausschreitungen, wobei der Student Benno Ohnesorg erschossen wurde. In der Folge eskalierte die Gewalt, bis hin zum Mordanschlag auf den APO-Aktivisten Rudi Dutschke. Zu Beginn der 70er-Jahre radikalisierte sich eine kleine Gruppe der APO-Aktivisten und glitt in die Kriminalität ab („Baader-Meinhof-Gruppe“).

Ergebnisse der Bundestagswahlen 1949–1969:

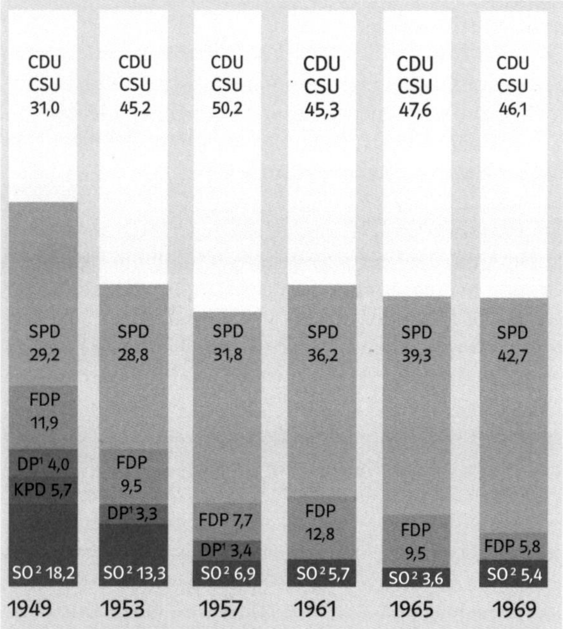

1) Deutsche Partei 2) Sonstige

Die Entwicklung der DDR

UMGESTALTUNG NACH SOWJETISCHEM MUSTER Bis zur Staatsgründung der DDR drückte die Sowjetunion als Besatzungsmacht ihrer Zone ihren Stempel auf. Doch auch nach 1949 zogen sich die Sowjets nicht zurück. Sie sorgten dafür, dass der neue Staat dem sozialistischen Muster

der Sowjetunion entsprechend eingerichtet wurde. Eine entscheidende Rolle fiel der Sozialistischen Einheitspartei Deutschlands **(SED)** zu. Diese wurde umgestaltet zu einer hierarchisch geführten Partei, in der es keine innere Demokratie gab. Entscheidungsprozesse verliefen (entgegen dem demokratischen Prinzip) von oben nach unten, das Politbüro regierte die gesamte Partei.
Die diktatorischen Strukturen in der DDR wurden dadurch unterstützt, dass eine **enge Verzahnung von Partei und Staat** vorlag. Nur so, glaubte man, die Einheit von Gesellschaft und Staat herstellen zu können.

Ziel der Sowjet-Führung war es, die DDR als festes Mitglied in den sozialistischen Ostblock einzubinden. Dies geschah mithilfe von Bündnissen und Verträgen (Rat für gegenseitige Wirtschaftshilfe, 1950, Eingliederung in den Warschauer Pakt, 1955). 1955 gewährte die UdSSR der DDR formal die volle Souveränität, ohne sie aus dem Verband der sozialistischen Staaten zu entlassen.

Da die UdSSR der DDR wie auch allen anderen Staaten in ihrer Einflusssphäre die Annahme der Marshallplan-Hilfe verboten und höhere Reparationsleistungen als der Westen gefordert hatte, waren die wirtschaftlichen Ausgangsbedingungen der DDR deutlich schlechter als die der Bundesrepublik Deutschland. 1952 beschloss die SED den **„Aufbau des Sozialismus"**, was die unkritische Übernahme des stalinistischen Wirtschaftssystems bedeutete.

Im Einzelnen waren das:
- die Umstellung auf **sozialistische Planwirtschaft**, also Festsetzung der Produktionsgüter, des Produktionsumfangs und der Preise durch den Staat,

- die Einführung von **Normzahlen** für die Mindestproduktion, wobei erwartet wurde, dass die Arbeiter diese nicht nur erfüllen, sondern überbieten sollten,
- die Auflösung von Privateigentum an Industriebetrieben und deren Überführung in **„Volkseigene Betriebe"**,
- der Zusammenschluss von kleinen und mittelgroßen Bauern zu **„Landwirtschaftlichen Produktionsgenossenschaften"** (LPG).

Der „Aufbau des Sozialismus" wurde auf staatlicher Ebene unterstützt durch die Errichtung einer zentralen staatlichen Organisation, also
- die Auflösung der fünf Länder Mecklenburg, Brandenburg, Sachsen-Anhalt, Sachsen und Thüringen und
- die darauf folgende Neueinteilung des Landes in 14 Verwaltungsbezirke, die den Zentralministerien und der Regierung direkt unterstellt waren.

DAS KRISENJAHR 1953 Nach dem **Tod Stalins** im März 1953 setzte in der UdSSR unter **Chruschtschow** eine Abkehr vom Stalinismus ein, die mit einer harten Kritik am stalinistischen Zwangssystem einherging. Auch die DDR-Führung schloss sich dieser Linie an und befahl einen neuen Kurs. Dabei sollte das Schwergewicht der Wirtschaft weniger im Bereich der Schwerindustrie liegen. Angestrebt wurde eine erhöhte Produktion von **Konsumgütern**. Man versprach sich davon eine allgemeine Erhöhung des Lebensstandards, mehr Zufriedenheit in der Bevölkerung und einen Rückgang der Flucht von DDR-Bürgern in den Westen.
Um die Steigerung der Produktion von Konsumgütern zu erreichen, erhöhte die SED-Führung die Arbeitsnormen

um 10 %, was einem realen Einkommensrückgang gleichkam. Dies wollte die Bevölkerung, die nach Stalins Tod auf eine politische und wirtschaftliche Liberalisierung gehofft hatte, nicht hinnehmen. Am 16. Juni streikten die Bauarbeiter und protestierten gegen die Normerhöhung, am Tag darauf weiteten sich die Protestaktionen, Streiks und Kundgebungen auf ganz Ost-Berlin und auf viele andere Orte in der DDR aus. Dabei wurden auch freie Wahlen und der Rücktritt von Walter Ulbricht gefordert. Da die Volkspolizei (VOPO) den Protestbewegungen nicht Herr wurde, verhängten die sowjetischen Militärs den Ausnahmezustand und setzten gegen die Aufständischen Panzer ein. Viele Menschen wurden getötet, mehr als 10 000 verhaftet. Nach zwei Tagen war der Aufstand beendet und Ulbricht versuchte die Bevölkerung durch eine geringfügige Lohnerhöhung zu beschwichtigen; die Normerhöhung wurde zurückgenommen. Im Gedenken an die Toten und in Erinnerung an die Ziele des Aufstandes erklärte die Bundesrepublik Deutschland den 17. Juni zum **Tag der deutschen Einheit**.

FLUCHTBEWEGUNG Die Niederschlagung des Aufstandes vom 17.6.1953 hatte gezeigt, dass die Wünsche der Bevölkerung und die Vorstellungen der Herrschenden in der DDR weit auseinander lagen. Es wurde dabei offenkundig, dass unter dem autoritären Regime Walter Ulbrichts keine Liberalisierung in Politik und Gesellschaft zu erwarten war. Die Menschen waren also gezwungen, sich mit dem System zu arrangieren oder das Land zu verlassen. Dies gelang jedoch nur auf dem Weg der Flucht. Die DDR hatte die innerdeutsche Grenze, also den über 1300 Kilometer langen Grenzstreifen zwischen der DDR und der Bundesrepublik Deutschland, mit Sperrzone, Stacheldraht, Wachtürmen und Minenfeldern zu einem unüberwindlichen Hindernis ausgebaut. Das Verlassen der DDR war nur noch über die Sektorengrenze in Berlin möglich, die deshalb zum Anlaufpunkt für „Republikflüchtlinge" wurde.

Der Flüchtlingsstrom in die Bundesrepublik führte zur **zweiten Berlin-Krise (1958)**. Zuerst versuchte der Generalsekretär der KPDSU Nikita Chruschtschow Berlin zu einer „freien Stadt" zu machen. Er bestritt das Recht der westlichen Alliierten, noch länger in Berlin zu bleiben, und forderte in einem Ultimatum, Berlin als „selbstständige politische Einheit" anzuerkennen. Er drohte mit Schikanen, z. B. gegen alliierte Militärtransporte, und ging im Entwurf zu einem Friedensvertrag von der Existenz von zwei deutschen Staaten und der Freien Stadt Berlin aus. Die Westmächte lehnten die sowjetischen Forderungen entschieden ab.

MAUERBAU Durch das Chruschtschow-Ultimatum war aber deutlich geworden, dass weder die Sowjet-Führung noch die SED Berlin weiterhin als Schlupfloch in den Westen akzeptieren wollten. Es bildeten sich bald Gerüchte um den Bau einer Mauer zwischen Ost- und West-Berlin. Wie brisant die Berlin-Frage war, wird auch darin deutlich, dass der amerikanische Präsident **John F. Kennedy** am 25.7.1961 in einer Fernsehansprache die so genannten **„three essentials"** der amerikanischen Berlinpolitik nannte: Sicherheit und Freiheit für die Bevölkerung in West-Berlin, Stationierung westlicher Truppen in den Westsektoren, freier Zugang nach West-Berlin. Diese Schutzgarantie für West-Berlin bedeutete zugleich die Anerkennung des Ost-Teils der Stadt als sowjetisches Einflussgebiet.

Am Morgen des **13.8.1961** riegelten unter der Aufsicht von Volkspolizei und Nationaler Volksarmee Bauarbeiter die Grenze ab und begannen mit dem Mauerbau.
Die Bundesregierung musste hilflos zusehen, Proteste der Westalliierten blieben erfolglos. Ein militärisches Eingreifen unterblieb, der Westen hielt sich an die bewährte Politik der Respektierung der Einflusssphären.

WIRTSCHAFTLICHE STABILISIERUNG Durch den Mauerbau waren die Menschen in der DDR gezwungen, sich mit den bestehenden Verhältnissen abzufinden. Die SED-Führung versuchte, die Bevölkerung zu mehr Mitarbeit zu gewinnen. Im Juni 1963 wurde das „Neue Ökonomische System" eingeführt, mit dem die Ankurbelung der Wirtschaft und eine Erhöhung des Lebensstandards erreicht werden sollte. Dazu wurde die Planwirtschaft gelockert und ein Prämiensystem als Anreiz für die Erwirtschaftung von Gewinnen eingeführt. Diese Reformen führten in der DDR bald zu einer **wirtschaftlichen Stabilisierung** und bildeten den Ausgangspunkt für den Aufstieg der DDR zur zweitstärksten Wirtschaftsmacht im Ostblock. Ergebnis dieser Erfolge war ein gestärktes politisches Selbstbewusstsein, das dazu führte, dass die DDR-Regierung 1967 das „Gesetz über die Staatsbürgerschaft der DDR" erließ und sich in der **neuen Verfassung von 1968** als „sozialistischer Staat deutscher Nation" bezeichnete, in dem unter der „Führung der Arbeiterklasse und ihrer marxistisch-leninistischen Partei" der Sozialismus verwirklicht werde.

Die Wandlung des Ost-West-Verhältnisses bis zur Maueröffnung

QUICK-FINDER

Internationale Politik

- Rüstungsbegrenzung der Supermächte → **S. 188**
- Die KSZE-Verhandlungen → **S. 188**
- Politik der Stärke in Ost und West → **S. 189**
- Gorbatschows Reformprogramm → **S. 189**

Europa vor der Einigung

- Die Europäische Gemeinschaft → **S. 191**
- Aufbruch in Osteuropa → **S. 192**
- Zerfall des Ostblocks → **S. 193**

Die Entwicklung in der Bundesrepublik Deutschland

- Die SPD an der Macht → **S. 195**
- Die „Neue Ostpolitik“ → **S. 195**
- Die Regierungszeit Helmut Schmidts → **S. 195**
- Bürgerinitiativen und „Die Grünen“ → **S. 196**
- Die christlich-liberale Koalition → **S. 197**
- Kontinuität in der Außen- und Deutschlandpolitik → **S. 197**

QUICK-FINDER

Die Situation in der DDR

- Die Ära Honecker ➛ **S. 198**
- „Real existierender Sozialismus" ➛ **S. 198**
- Politische Opposition ➛ **S. 199**
- Wirtschaftlicher Niedergang ➛ **S. 200**
- Die Oppositionsbewegung in der DDR ➛ **S. 201**
- Ausreisewelle in den Westen ➛ **S. 201**
- 40. Jahrestag der DDR und Öffnung der Grenzen ➛ **S. 202**
- Ende der SED-Herrschaft ➛ **S. 203**

Internationale Politik

RÜSTUNGSBEGRENZUNG DER SUPERMÄCHTE In der Kuba-Krise (1962) war den Politikern in Ost und West klar geworden, dass es keiner Seite gelingen würde, ihren eigenen Machtbereich weltweit auszudehnen. Das Ziel konnte also nur sein, den eigenen Machtbereich zu sichern und allenfalls in Krisensituationen darüber hinauszugreifen. Das Potenzial an Atomwaffen war auf beiden Seiten so riesig, dass eine Vernichtung allen Lebens auf der Erde für die USA und für die UdSSR ohne weiteres möglich gewesen wäre. Doch erst 1969 kamen Vertreter der beiden Supermächte USA und UdSSR abwechselnd in Wien und in Helsinki zu **Abrüstungsgesprächen** zusammen. Das Ergebnis dieser Gespräche waren die SALT-I und SALT-II-Verträge (Strategic Arms Limitation Talks), in denen Rüstungsbegrenzungen und die gegenseitige Rüstungskontrolle festgelegt wurden.

DIE KSZE-VERHANDLUNGEN Zwischen 1972 und 1975 verhandelten die europäischen Staaten mit den USA und Kanada über **Sicherheit und Zusammenarbeit in Europa** (KSZE). Sie einigten sich auf folgende Grundregeln, die in der **Schlussakte von Helsinki** festgehalten wurden, ohne dadurch völkerrechtlich verbindlich zu sein:
- Achtung der Grenzen,
- Verzicht auf Gewaltanwendung,
- Anerkennung der Menschenrechte und Grundfreiheiten,
- Ankündigung von Militärmanövern und Zulassung von ausländischen Beobachtern,
- menschliche Kontakte über Grenzen hinweg,
- Schutz von Minderheiten.

Beim KSZE-Folgetreffen in Wien (1986–1989) stand die Frage der Menschenrechte im Mittelpunkt. Die Schlussdokumente von Wien schrieben

- das Recht auf Auswanderung,
- die Reisefreiheit und
- den Rechtsschutz bei Verhaftungen fest.

Die Betonung der Menschenrechte beschleunigte in den Ostblock-Staaten den **Demokratisierungsprozess**.

POLITIK DER STÄRKE IN OST UND WEST In den Jahren nach 1975 erfuhren die Abrüstungsbemühungen einige Rückschläge. Dies hing mit der schwächer werdenden Stellung der USA zusammen, die ihre Niederlage im Vietnam-Krieg (1975) eingestehen und den Sieg des Kommunismus in Angola (1976) hinnehmen mussten.
Die Sowjetunion unter **Leonid Breschnew** hingegen signalisierte ihren Machtanspruch:

- durch Unterstützung kommunistischer Regime in der Dritten Welt,
- durch provozierte Konflikte (z. B. Einmarsch in Afghanistan 1979),
- durch militärische Aufrüstung der Sowjetunion.

Der amerikanische Präsident **Ronald Reagan** reagierte seinerseits mit einer Politik der Stärke und begann mit dem Aufbau eines **satellitengesteuerten Raketenabwehrprogramms** (SDI), das zwar auch in der westlichen Welt äußerst umstritten war, jedoch die Sowjetunion in eine neue Phase der Hochrüstung zwang, die schließlich nicht mehr finanzierbar war.

GORBATSCHOWS REFORMPROGRAMM In den 70er-Jahren war die UdSSR zu einem scheinbar gleichwertigen Partner der USA aufgestiegen. Diese Ebenbürtigkeit bezog sich aber nur auf die militärische Stärke. In Wirklichkeit hatte die UdSSR eine Vielzahl von **Problemen**:

- die Wirtschaft war nicht leistungsfähig, die Produktivität musste gesteigert werden,
- Korruption, Bürokratismus und die Verantwortungslosigkeit von Funktionären schadeten der Volkswirtschaft,
- Nationalitätenkonflikte in den baltischen und in den asiatischen Republiken spitzten sich zu,
- in den islamischen Republiken im Süden der Sowjetunion entstanden Unabhängigkeitsbewegungen,
- die innenpolitische Opposition wuchs angesichts der Nichteinhaltung der von der Verfassung garantierten Grundrechte und der Verfolgung Andersdenkender („Dissidenten“).

Mit diesen Problemen sah sich **Michail Gorbatschow** konfrontiert, als er im März 1985 zum Generalsekretär der KPdSU bestimmt wurde. Als Reaktion auf den desolaten Zustand des Landes propagierte er **Glasnost** (Offenheit, Meinungsfreiheit, Demokratie) und **Perestroika** (wirtschaftliche Veränderungen). Sein Ziel war es,

- die Akzeptanz des politischen Systems bei allen Bürgern der Sowjetunion zu erhöhen und
- mit marktwirtschaftlichen Maßnahmen die wirtschaftliche Misere des Landes zu überwinden.

In der Außenpolitik forderte Gorbatschow ein **Neues Denken**, das die Beziehungen der UdSSR zu den USA auf eine neue Basis stellen sollte. Seine Ziele waren:

- friedliche Koexistenz der verschiedenen weltanschaulichen Systeme,
- Entschärfung von internationalen Konfliktherden,

- vertrauensbildende Maßnahmen mit politischen Mitteln,
- Beendigung des volkswirtschaftlich ruinösen Rüstungswettlaufs.

Schon 1985 kam es zu Verhandlungen zwischen Reagan und Gorbatschow über den Abbau atomarer Mittel- und Langstreckenraketen. 1987 wurde schließlich der von Gorbatschow angeregte **INF-Vertrag** (Intermediate Nuclear Forces) unterzeichnet, der festlegte, dass innerhalb von drei Jahren alle amerikanischen und sowjetischen Mittelstreckenraketen beseitigt werden sollten (Null-Łösung). Die Sowjetunion sagte außerdem zu,
- ihre Truppen aus Afghanistan zurückzuziehen,
- sozialistische Regime in der Dritten Welt nicht länger zu unterstützen,
- ihre Armee um 500 000 Mann zu reduzieren,
- sechs Panzerdivisionen aus der DDR, der Tschechoslowakei und aus Ungarn abzuziehen.

Gorbatschow war angetreten, die UdSSR zu reformieren. Ihm war an der Fortexistenz des Sozialismus in der Sowjetunion gelegen – ein Ziel, das er nicht erreichte. Seine außenpolitischen Maßnahmen führten aber zur **Beendigung des Kalten Krieges**.

Europa vor der Einigung

DIE EUROPÄISCHE GEMEINSCHAFT Innerhalb der EG fielen eine Reihe von wichtigen Entscheidungen:
- 1973 wurden Dänemark, Irland und Großbritannien in die Gemeinschaft aufgenommen. Großbritannien

hatte während der 70er-Jahre schon zweimal die Aufnahme in die Gemeinschaft beantragt, scheiterte aber jedes Mal am Veto des französischen Staatspräsidenten **de Gaulle**.

- 1975 wurde der **ECU** eingeführt. Er war eine rechnerische Währungseinheit, die Europa zu einer stabilen Währungszone machen sollte. Mit der Einführung des **Euro** zum 1. 1. 2002 verlor der ECU seine Gültigkeit.
- 1979 fand die erste Direktwahl zum **Europäischen Parlament** statt. Das Europaparlament hatte damit eine demokratische Legitimation durch die Bürger Europas.
- 1981 wurde die EG um Griechenland,
- 1986 um Spanien und Portugal erweitert. Diese südeuropäischen Staaten hatten schon seit Mitte der 70er-Jahre ihre Aufnahme in die Gemeinschaft beantragt. Diese wurde aber abgelehnt, da in allen drei Staaten Diktatoren an der Macht waren. Nach den Satzungen der EG war aber nur die Aufnahme von demokratischen Staaten möglich.
- Nach den Wandlungen im Ostblock beschloss der Europäische Rat in Paris im November 1989 die Gründung einer **Europäischen Bank für Wiederaufbau und Entwicklung**, mit deren Hilfe die Reformländer in Mittel- und Osteuropa auf ihrem Weg zur Demokratie unterstützt werden sollten.

AUFBRUCH IN OSTEUROPA Schon nach Unterzeichnung der KSZE-Schlussakte von Helsinki (1975) organisierte sich in den Ostblockstaaten der Wunsch nach Freiheit und Selbstbestimmung in **Bürgerrechtsbewegungen**. Besonders in Polen war die Unzufriedenheit mit dem sozialistischen Wirtschafts- und Gesellschaftssystem groß. Als der

Krakauer Kardinal Karol Wojtyla 1978 zum Papst gewählt wurde, weckte dies in der Bevölkerung die Hoffnung auf eine Beendigung des Sozialismus. Schon 1979 sprach sich **Johannes Paul II.** öffentlich für Menschenrechte und die Selbstbestimmung des polnischen Volkes aus.
Wirtschaftliche Schwierigkeiten und Engpässe in der Lebensmittelversorgung brachten die Industriearbeiter der polnischen Küstenstädte auf die Barrikaden. Besonders die Arbeiter der Danziger Leninwerft organisierten sich unter Führung von **Lech Walesa** in der bald landesweit operierenden Gewerkschaft **Solidarność** und hofften auf Aufmerksamkeit und Unterstützung durch das westliche Ausland. Die polnische Führung verbot die Gewerkschaft und verhaftete zahlreiche Mitglieder, konnte aber nicht verhindern, dass sie nach wie vor über viele Sympathisanten in Polen und im Ausland verfügte. 1983 erhielt Lech Walesa den Friedensnobelpreis, der Papst besuchte im gleichen Jahr zum zweiten Mal Polen. Dies alles hatte Signalwirkung, doch der Wandel zu demokratischen Verhältnissen erfolgte erst nach der Liberalisierung in der UdSSR unter Gorbatschow.

ZERFALL DES OSTBLOCKS Seit 1986 zeichnete sich der Zerfall des Ostblocks ab. Im August 1989 öffnete Ungarn für die Flüchtlinge, die sich in die Deutsche Botschaft in Budapest gerettet hatten, die Grenze nach Österreich. Der „Eiserne Vorhang“ war damit zerrissen, die Menschen im Osten hatten eine Möglichkeit zur Flucht in den Westen gefunden. Auch viele DDR-Bürger nutzten diese Möglichkeit, um in die Freiheit zu gelangen, bevor am 9.11.1989 mit der **Öffnung der Berliner Mauer** die innerdeutsche Grenze passierbar wurde.

Demokratischer Umbruch in Osteuropa

Die Entwicklung in der Bundesrepublik Deutschland

DIE SPD AN DER MACHT Aus den Bundestagswahlen im Herbst 1969 ging die SPD als stärkste Partei hervor und bildete zusammen mit der FDP die Regierung. Viele Menschen erhofften sich von der neuen Regierung unter Bundeskanzler Willy Brandt (SPD) und Außenminister Walter Scheel (FDP) einen veränderten Umgang mit der DDR, innenpolitische Liberalisierung und mehr soziale Gerechtigkeit. Unter dem Slogan **„Mehr Demokratie wagen"** wurde das Wahlalter von 21 auf 18 Jahren gesenkt, eine Bildungsreform zugunsten der sozial Schwächeren durchgeführt, das Ehe- und Familienrecht sowie das Strafrecht reformiert.

DIE „NEUE OSTPOLITIK" Brandt ging im Umgang mit der Sowjetunion, der DDR und den anderen Ostblockstaaten neue Wege. Er erreichte die Aufnahme von Gesprächen und den Abschluss von Verträgen (z. B. der **Grundlagenvertrag** zwischen der Bundesrepublik und der DDR von 1972): Reiseerleichterungen, Verbesserungen der Handelsbeziehungen und kultureller Austausch wurden vereinbart. Brandt wollte die Beziehungen zum Osten grundlegend verändern. Dabei war er bereit, die Existenz eines zweiten deutschen Staates faktisch (nicht völkerrechtlich, das war durch das Grundgesetz nicht möglich) anzuerkennen. Durch diese Einschränkung konnten die Verträge zwischen der Bundesrepublik und der DDR auch die Hürde des Bundesverfassungsgerichts (angerufen durch die CDU/CSU-Opposition) passieren.

DIE REGIERUNGSZEIT HELMUT SCHMIDTS Als im Frühjahr 1974 ein DDR-Spion im nächsten Umfeld Brandts enttarnt wurde, übernahm dieser die politische Verantwortung und trat zurück. Sein Nachfolger Helmut Schmidt erklärte die wirtschaftliche Stabilität, die durch die **Ölkrise** von 1973 gefährdet war, zum Ziel und wehrte den Links-Terrorismus ab. Im Streit um die Nachrüstung sprach er sich für den **NATO-Doppelbeschluss** aus. In der Bundesrepublik entstand gegen die Nachrüstung eine **Friedensbewegung**, die unter dem Motto „Frieden schaffen ohne Waffen“ Demonstrationen in vielen Großstädten organisierte. Über die Arbeitslosigkeit und Staatsverschuldung kam es zum Bruch der Koalition. CDU/CSU und FDP stürzten Helmut Schmidt durch ein konstruktives Misstrauensvotum.

BÜRGERINITIATIVEN UND „DIE GRÜNEN“ Schon 1972 warnte der **Club of Rome**, ein Gremium führender Wissenschaftler, vor der Zerstörung der Erde durch ein fortgesetztes ungehemmtes wirtschaftliches Wachstum. Die überall sichtbare **Umweltzerstörung** (Waldsterben, Verunreinigung der Gewässer, Zerstörung der Ozonschicht der Erde) und Umweltkatastrophen wie der Chemieunfall von Seveso (1976) und der Atomunfall von Harrisburg/USA (1979) rüttelten auch die Bevölkerung auf. Da die etablierten Parteien dem Umweltschutz kaum Beachtung schenkten, schlossen sich interessierte Bürger in **Bürgerinitiativen** zusammen, um Umweltprobleme ihres Ortes oder der Heimatregion zu lösen. Sie protestierten gegen umweltverschmutzende Fabriken und versuchten den Bau von Kernkraftwerken oder atomaren Entsorgungsanlagen zu verhindern. Einige engagierte Umweltschützer und Aktivisten der Friedensbewegung gründeten 1980 auf Bundesebene die Partei der Grünen. In den folgenden Jahren profilierten sich die Grünen als Opposition, die besonders die Wähler der SPD ansprach. Schon Ende 1982 waren die Grünen in einigen Länderparlamenten vertreten. 1983 zogen „Die Grünen" als vierte Fraktion in den deutschen Bundestag ein. Die **Reaktorkatastrophe von Tschernobyl** (Ukraine) gab der Umweltschutzbewegung zusätzlichen Auftrieb.

DIE CHRISTLICH-LIBERALE KOALITION Bundeskanzler Helmut Kohl (CDU) und Vizekanzler Hans-Dietrich Genscher (FDP) traten die Regierung im Herbst 1982 nach dem Sturz Helmut Schmidts an. Durch Einsparungen bei Sozialausgaben wurde der Staatshaushalt entlastet. Hinzu kamen eine drastische Senkung des Ölpreises auf dem Weltmarkt und ein günstiger Dollarkurs. Darüber hinaus setzte die christlich-liberale Koalition auf Eigeninitiative, Wettbewerb und Zurückhaltung bei staatlichen Reglementierungen. All das führte zu einem Wirtschaftsaufschwung, der die Bundesrepublik Deutschland zu einem der weltweit führenden Exportländer werden ließ. Die Arbeitslosigkeit blieb jedoch auf hohem Niveau bestehen.

KONTINUITÄT IN DER AUSSEN- UND DEUTSCHLANDPOLITIK
Die christlich-liberale Koalition führte die von der SPD/FDP-Regierung begonnene Außenpolitik fort: Sie setzte den NATO-Doppelbeschluss um, pflegte ein enges Verhältnis zu den USA und setzte sich für ein einiges Europa ein. Die Regierung Kohl setzte auch die Ostpolitik fort: 1984 vermittelte der bayerische Ministerpräsident Strauß einen Milliardenkredit an die DDR, die damit ihre Zahlungsunfähigkeit vorübergehend abwenden konnte. Im Gegenzug musste die DDR die Behinderungen an der innerdeutschen Grenze reduzieren und den Abbau der Selbstschussanlagen garantieren. 1987 wurde Erich Ho-

necker als erster Staatschef mit allen protokollarischen Ehren in Bonn empfangen – die DDR-Führung hatte damit ein längst angestrebtes Ziel erreicht.

Die Situation in der DDR

DIE ÄRA HONECKER Nach dem Mauerbau 1961 gab es für die Menschen in der DDR kaum noch Fluchtmöglichkeiten in den Westen. Die meisten fanden sich mit dem politischen Regime ab und zogen sich ins Privatleben zurück, um dem allgegenwärtigen Apparat von SED und Stasi wenigstens zeitweise zu entkommen. Als sich der Staatsratsvorsitzende Walter Ulbricht offen gegen die beginnende Entspannungspolitik zwischen den Großmächten aussprach, geriet er in Gegnerschaft zum Kurs der Sowjetunion und wurde 1971 durch Erich Honecker abgelöst.
Unter Honecker entkrampften sich die deutsch-deutschen Beziehungen. 1972 wurde der **Grundlagenvertrag**, der die Reisebedingungen, die diplomatischen und die Wirtschaftsbeziehungen regelte, unterzeichnet. Die DDR gewann damit an internationalem Ansehen. Sie wurde 1973 – zeitgleich mit der Bundesrepublik Deutschland – in die UNO aufgenommen und war an der Unterzeichnung der KSZE-Schlussakte 1975 in Helsinki beteiligt. Die DDR-Führung gab das Ziel der Wiedervereinigung auf. In der Verfassung von 1974 definierte sich die DDR „sozialistischer Staat der Arbeiter und Bauern“, der mit der Sowjetunion in Freundschaft verbunden sein sollte.

„REAL EXISTIERENDER SOZIALISMUS“ Unter Honecker war die politische Führung der DDR-Führung bemüht, den Lebensstandard der Bevölkerung anzuheben – nicht

zuletzt, um den Erfolg des Sozialismus allen sichtbar vor Augen zu führen und die eigene Bevölkerung ruhig zu stellen. Wohnungen wurden gebaut, billige Grundnahrungsmittel in ausreichender Menge bereit gestellt, Arbeitszeiten verkürzt und die Löhne erhöht. Eine erfolgreiche **Sportpolitik** erleichterte außerdem die Identifikation der Bürger mit ihrem Staat. Dem gestiegenen Realeinkommen stand aber kein verbessertes Warenangebot gegenüber. Auf so genannte Luxusgüter wie PKW und Fernsehapparat musste man unter Umständen bis zu zehn oder mehr Jahre warten. Privilegierte DDR-Bürger besaßen West-Währung, ihnen war es möglich, in den „Inter-Shop-„ oder „Exquisit-Läden" all das zu kaufen, was es für Ost-Mark nicht gab. Die D-Mark war damit neben der Ost-Mark zur zweiten, inoffiziellen Währung geworden. Die **Berufstätigkeit der Frau** wurde gefördert, eine wirkliche Gleichberechtigung, zum Beispiel bei der Erlangung von Führungspositionen, gab es jedoch nicht.
Zugleich nahm die **Überwachung** und **Unterdrückung** durch den Staatssicherheitsdienst zu. Die „Stasi" bemühte sich um eine möglichst vollständige Kontrolle der Bevölkerung und verfügte zu diesem Zweck Ende der 80er-Jahre über etwa 90 000 offizielle und 180 000 inoffizielle Mitarbeiter.

POLITISCHE OPPOSITION Während sich Anfang der 70er-Jahre die offiziellen Beziehungen der DDR zur Bundesrepublik Deutschland verbesserten, ging die DDR-Führung zu einem Kurs der Abschottung gegenüber dem Westen über. Die Sperranlagen an der innerdeutschen Grenze wurden ausgebaut, der Zwangsumtausch wurde, auch um Devisen ins Land zu bekommen, erhöht und das Spitzelsystem der Stasi perfektioniert.

Als der DDR-Liedermacher **Wolf Biermann** 1976 nach einer Konzertreise in die BRD wegen regimekritischer Äußerungen nicht mehr in die DDR zurückkehren durfte und ausgebürgert wurde, entstand in der DDR eine breite Oppositionsbewegung gegen das Unterdrückungssystem der SED. Viele namhafte Künstler und Intellektuelle wie Jurek Becker, Robert Havemann, Heiner Müller und Christa Wolf setzten sich für Biermann ein, jedoch ohne Erfolg. Eine neue große Ausreisewelle in den Westen war die Folge.

WIRTSCHAFTLICHER NIEDERGANG Honecker bemühte sich um ein konfliktloses Verhältnis zur Sowjetunion und stützte seine Herrschaft ganz auf die Partei und den Staatssicherheitsdienst (Stasi). Der totalitäre Führungsanspruch der SED galt nach wie vor, eine Freiheit der Meinungsäußerung gab es nicht, was insbesondere von Intellektuellen und Künstlern kritisiert wurde. Trotzdem galten die Jahre nach 1971, die Zeit Honeckers, für viele als die „goldenen Jahre" der DDR. Doch in diesen Jahren wurde der Grundstein für den wirtschaftlichen Niedergang der DDR gelegt:
Die wirtschaftliche Produktivität war gering, der Lebensstandard der Bevölkerung wurde mit Devisen erkauft, über die die DDR aufgrund der eingeschränkten Handelsbeziehungen mit dem Westen nicht in ausreichendem Maß verfügte. Die DDR verschuldete sich im Westen immer mehr und war zu Beginn der 80er-Jahre quasi zahlungsunfähig. Damals halfen die **Milliardenkredite der Bundesregierung** über den Staatsbankrott hinweg. Sie konnten ihn aber nicht verhindern, sondern nur bis 1989 verzögern.

DIE OPPOSITIONSBEWEGUNG IN DER DDR Seit Mitte der 80er-Jahre meldete sich die Bürgerrechtsbewegung in der DDR immer öfter zu Wort. Im Frühjahr 1989 brach der aufgestaute Unmut offen hervor: Die Ergebnisse der Volkskammerwahlen vom Mai 1989 waren offensichtlich von der SED zu ihren Gunsten verfälscht worden, immer mehr Menschen kamen in die **Nikolaikirche in Leipzig**, dem Zentrum des Widerstandes. In Protestveranstaltungen wie den wöchentlichen Montagsdemonstrationen machten die Teilnehmer ihrer Wut über die undemokratischen Verhältnisse Luft und forderten Meinungs-, Presse- und Reisefreiheit sowie ein Ende der SED-Diktatur und freie Wahlen. Neue Parteien und Organisationen wurden gegründet: die Sozialdemokratische Partei (SDP), das Neue Forum, Demokratie jetzt und Demokratischer Aufbruch.

AUSREISEWELLE IN DEN WESTEN Inzwischen taten sich für ausreisewillige DDR-Bürger Schlupflöcher auf: Im Januar 1989 gelang es einer Gruppe von DDR-Bürgern, die die Ständige Vertretung der Bundesrepublik in Ost-Berlin besetzt hatten, die Zustimmung der DDR-Behörden zu ihrer straffreien Ausreise in den Westen zu erhalten. Im August 1989 wurden mehr als 100 DDR-Bürger, die sich in der Botschaft der Bundesrepublik Deutschland in Budapest (Ungarn) verschanzt hatten, nach Wien ausgeflogen. Da eine Ausreise aus der DDR in reformorientierte Ostblockländer problemlos möglich war, nutzten Tausende Menschen diese Gelegenheit und flüchteten nach Warschau, Prag und Budapest in die Botschaften der Bundesrepublik Deutschland, also auf westliches Territorium, und beantragten dort politisches Asyl.

40. JAHRESTAG DER DDR UND ÖFFNUNG DER GRENZEN Im Anschluss an das traditionelle montägliche Friedensgebet am 2. Oktober 1989 begann in Leipzig die „friedliche Revolution“. Mehr als 20 000 Menschen demonstrierten an diesem und den folgenden Tagen in Leipzig, Dresden, Ost-Berlin und anderen Städten der DDR für Demokratie und Freiheit. Währenddessen feierte sich die SED am 7. Oktober, dem 40. Jahrestag der Staatsgründung der DDR, selbst. Die **Demonstrationen** wurden als Störung der Feierlichkeiten empfunden und brutal niedergeknüppelt. Der Generalsekretär der KPdSU Michail Gorbatschow, der als Staatsgast den Feiern beiwohnte, wurde von den Demonstranten als Hoffungsträger empfangen, die Staatsführung erwartete von ihm jedoch militärische Unterstützung gegen die „Randalierer“. Sein gegen Honecker gerichteter berühmt gewordener Satz „Wer zu spät kommt, den bestraft das Leben“ machte aber klar, dass sich die Sowjetunion nicht in die deutsche Politik hineinziehen lassen würde; ganz im Gegenteil: Gorbatschow bekräftigte das Recht jedes Warschauer Pakt-Staates, über seine eigenen Angelegenheiten selbst zu entscheiden.

Die SED-Führung war am Erhalt ihrer Macht interessiert, drängte Honecker zum Rücktritt und setzte Egon Krenz als Generalsekretär der SED und Staatsratsvorsitzenden ein. Doch seinen Reformankündigungen glaubte man nicht mehr, die Demonstrationen gingen weiter. Am Abend des 9. November wurde eher zufällig vor laufenden Fernsehkameras die Öffnung der Grenzen der DDR nach West-Berlin bekannt gegeben. Tausende von DDR-Bürgern passierten noch in derselben Nacht die Grenzstationen in Berlin, wo sie von jubelnden Westberlinern empfangen wurden.

ENDE DER SED-HERRSCHAFT Der inzwischen neu gewählte DDR-Ministerpräsident Hans Modrow berief einen „runden Tisch" ein, der von den Reformern und den Parteifunktionären als Beratungsorgan und als Gremium der Kontrolle der DDR-Regierung angesehen wurde. Der „runde Tisch" forderte eine demokratische Verfassung für die DDR, die Auflösung der Stasi sowie Meinungs- und Pressefreiheit. Am 18. März 1990 fanden die ersten und zugleich letzten freien Wahlen zur DDR-Volkskammer statt, aus denen die Ost-CDU unter Lothar de Maizière als Gewinner hervorging, weil Helmut Kohl eine baldige Vereinigung versprach. Die Herrschaft der SED war damit beendet.

Neue weltpolitische Konstellationen und wiedervereinigtes Deutschland

QUICK-FINDER

Internationale Politik

- Der Zerfall der UdSSR → S. 206
- Von Gorbatschow zu Jelzin und Putin → S. 206
- Schwerpunkte der Außenpolitik der USA → S. 207

„Neue Unübersichtlichkeit" in Europa

- Veränderungen in Osteuropa → S. 208
- Die europäische Union → S. 209

Der deutsche Einigungsprozess 1990

- Schritte zur Wiedervereinigung → S. 210
- Die Volkskammerwahl vom 18. März 1990 → S. 210
- Währungs-, Wirtschafts- und Sozialunion → S. 211
- Der Einigungsvertrag → S. 212
- Die Vereinigung als internationales Problem → S. 213
- Die Zwei-plus-Vier-Gespräche → S. 214
- Vereinigung der beiden deutschen Staaten → S. 215

QUICK-FINDER

Deutschland nach der Wiedervereinigung

- Probleme der deutschen Einheit ➛ **S. 216**
- Neuorientierung der deutschen Außenpolitik ➛ **S. 217**
- Der Regierungswechsel 1998 ➛ **S. 219**
- Die Bundestagswahl 2002 ➛ **S. 219**
- Die große Koalition unter Kanzlerin Merkel ➛ **S. 220**

Internationale Politik

DER ZERFALL DER UDSSR Zu Beginn der 90er-Jahre befand sich die UdSSR in einer Übergangsphase. Der Kommunismus bot keine tragfähige Ideologie mehr, das neue **System Gorbatschows** erschien vielen zu wenig durchdacht und als Verrat an den bisherigen Ideen. Bei allem außenpolitischen Ansehen, das Gorbatschow in der Welt genoss, konnte er mit „Glasnost" und „Perestroika" kaum innenpolitische Erfolge verzeichnen.
Aufgrund der veränderten Lage in Osteuropa zerfiel der Ostblock. Der Warschauer Pakt wurde zum 1.7.1991 aufgelöst. Die am Rand des sowjetischen Imperiums gelegenen Länder erstrebten ihre politische Unabhängigkeit.

VON GORBATSCHOW ZU JELZIN UND PUTIN Gorbatschows unmittelbarer Gegenspieler, der Präsident der Russischen Republik **Boris Jelzin**, forderte noch weitergehendere Reformen. Als Gorbatschow bei einem konservativen Staatsstreich im August 1991 seinen politischen Widersachern in die Hände fiel, war es der Entschlusskraft Jelzins zu verdanken, dass der Putsch zusammenbrach. Damit waren aber auch die Tage Gorbatschows als Staatspräsident gezählt. Jelzin, der die KPdSU verboten hatte, beanspruchte das höchste Staatsamt für sich, Gorbatschow trat zurück (25.12.1991). Die Sowjetunion hörte auf zu bestehen, sie wurde durch die **Gemeinschaft Unabhängiger Staaten (GUS)** ersetzt, der formell der russische Präsident Jelzin vorstand. Die einstmals so mächtige Sowjetunion war nun in viele Teile zerfallen.
Nach dem Rücktritt von Jelzin wurde **Wladimir Putin** im Jahr 2000 russischer Staats- und Regierungschef. Sein Kurs bewegte sich zwischen innenpolitischer Härte und

außenpolitischem Selbstbewusstsein; an einer Verständigung mit dem Westen war Putin gelegen. In der **Irak-Frage** im Frühjahr 2003 stand Putin auf der Seite der Kriegsgegner Deutschland und Frankreich.

SCHWERPUNKTE DER AUSSENPOLITIK DER USA 1989 hatte **George H. Bush** die Präsidentschaftswahlen gewonnen. Er hielt an den bisherigen außenpolitischen Positionen der USA fest und setzte den Dialog mit der UdSSR fort, unterstützte aber auch die Vereinigung Deutschlands und betonte dessen Zugehörigkeit zum westeuropäischen Bündnis.

Ein Problemfall für die US-Außenpolitik blieb die Europapolitik. Zwar hatte die Regierung von George H. Bush die Integration europäischer Staaten unterstützt, doch weckten die wirtschaftliche Abschottung und der Versuch einer europäischen Sicherheitspolitik zu Beginn der 90er-Jahre Bedenken vor einer **„Festung Europa"**, in der für die Interessen der USA kein Platz zu sein schien. Erst die Regierung **Clinton** (ab 1993) setzte auf eine selbstständige europäische Sicherheits- und Verteidigungspolitik und auf die Zusammenarbeit mit der EU.

Einen tiefgreifenden Einschnitt in das Selbstwertgefühl und das Sicherheitsbedürfnis der Amerikaner bedeuten die Ereignisse vom **11. September 2001**. Islamische Terroristen unter der Führung des El Quaida-Chefs **Osama bin Laden** lenkten zwei entführte Passagierflugzeuge in die Twin-Towers des **World Trade Centers in New York**, die daraufhin vollständig einstürzten. Ein drittes Flugzeug beschädigte fast zeitgleich das amerikanische Verteidigungsministerium in Washington schwer. Die USA unter Präsident **George W. Bush** antworteten darauf mit der Bildung einer **Koalition gegen den internationalen**

Terrorismus, der sich fast alle Länder der Welt anschlossen. Im darauf folgenden **Krieg gegen Afghanistan**, der Hochburg von El Quaida, wurde das dort herrschende Taliban-Regime beseitigt und eine demokratisch gewählte Regierung eingesetzt. Danach nahm die Regierung Bush den **Irak** ins Visier: Angeblich sollte der dort herrschende Diktator **Saddam Hussein** über Atomwaffen verfügen – eine Behauptung, die von vielen Regierungen (z. B. der deutschen, französischen und russischen) und Institutionen (z. B. der UNO) zu Recht angezweifelt wurde, wie man inzwischen weiß. Die USA begannen im März 2003 einen Krieg gegen den Irak und stürzten Hussein.

„Neue Unübersichtlichkeit" in Europa

VERÄNDERUNGEN IN OSTEUROPA Die neuen Prämissen der sowjetischen Außenpolitik führten auch in den Ostblockstaaten zu Veränderungen. In allen Ländern wurden die demokratischen Oppositionsbewegungen gestützt. Politiker, die noch einige Jahre vorher als Aufrührer galten und mit Gefängnisstrafen belegt wurden, rückten nun in hohe Staatsämter auf.

- In Polen setzte sich die demokratische Bewegung um die Gewerkschaft Solidarność durch. Ihr führender Kopf, **Lech Walesa**, wurde 1990 Staatspräsident.
- In der Tschechoslowakei wurde der Bürgerrechtler **Václav Havel** zum Präsidenten gewählt. 1992 teilte sich die Tschechoslowakei friedlich in Tschechien und die Slowakei.
- In Ungarn setzte mit der Bildung neuer Parteien und freier Gewerkschaften die Demokratisierung des Staates ein.

- Auch in Bulgarien, Rumänien und Albanien vertrieben die Bürger die kommunistischen Regime und öffneten sich für die westliche Staatengemeinschaft.

DIE EUROPÄISCHE UNION Nach 1989 veränderte sich die Europäische Gemeinschaft:
- Im Herbst 1991 vereinigte sie sich mit den EFTA-Staaten Finnland, Island, Norwegen, Schweden und Österreich zu einem gemeinsamen europäischen Wirtschaftsraum (**EWR**). Ziel war es, einen Wirtschaftsraum zu schaffen, der mit den Zusammenschlüssen in Asien und Amerika konkurrieren kann.
- Im **Maastricht-Vertrag** (Dezember 1991) wurde die Schaffung der Europäischen Union festgeschrieben. Seit dem 1. November 1993 lautet der offizielle Name nicht mehr Europäische Gemeinschaft, sondern **Europäische Union** (EU).

Die EU ist kein Zentralstaat, sondern ein Verbund von verschiedenen Staaten, ihre politischen Möglichkeiten sind deshalb gering. Nach dem geltenden **Subsidiaritätsprinzip** greift die EU nur in die Bereiche regelnd ein, die von den untergeordneten Einheiten (z. B. Staaten, Bundesländer, Gemeinden) nicht selbst geregelt werden können.
- Ab 1990 trat das am 14.6.1985 geschlossene **Schengener Abkommen** in Kraft. Anfangs wurden nur die Kontrollen im Warenverkehr reduziert, seit März 1995 wird in immer mehr EU-Staaten auch auf Grenzkontrollen im Personenverkehr weitgehend verzichtet.
- Besonders deutlich wurde die Existenz der EU für die Bürger Europas am 1.1.2002 mit der **Einführung des EURO** als einzigem offiziellen Zahlungsmittel.

Der deutsche Einigungsprozess 1990

SCHRITTE ZUR WIEDERVEREINIGUNG Nach der Öffnung der Grenzen zeigte sich, dass es kein langsames Zusammenwachsen der beiden deutschen Staaten geben konnte:

- Die Regierung **Modrow** wollte eine **„sozialistische Marktwirtschaft"**, an der sich die westdeutsche Wirtschaft beteiligen sollte. Dieses Konzept wurde im Westen nicht angenommen, so dass die DDR-Führung in Bedrängnis kam und bei der Bundesregierung um eine finanzielle Soforthilfe von 15 Milliarden DM nachsuchte. Dies wurde abgelehnt, stattdessen wurde über die Einführung einer Wirtschafts- und Währungsunion nachgedacht.
- Die **DDR-Bürger** waren auf **wirtschaftliche Sicherheit** bedacht; sie forderten die Einführung der D-Mark auch im Osten, andernfalls – so lauteten wiederholte Aussagen – kämen sie in die Bundesrepublik Deutschland.
- Als der sowjetische Präsident **Gorbatschow** im Januar 1990 signalisierte, dass die UdSSR eine **deutsche Wiedervereinigung** nicht behindern würde, steuerte die Regierung Kohl dieses Ziel an.

DIE VOLKSKAMMERWAHL VOM 18. MÄRZ 1990 Die Volkskammerwahl war für die Bürger der DDR die **erste freie Wahl** seit 58 Jahren. Sie brachte eine Wahlbeteiligung von 93,2 %, was auf ein enormes Interesse der Wähler schließen lässt. Der Wahlkampf wurde von den alten Parteien der DDR und Spitzenpolitikern aus der Bundesrepublik Deutschland geprägt. So unterstützte Bundeskanzler Helmut Kohl die „Allianz für Deutschland". Die teilweise erst wenige Monate vor der Wahl gebildeten Oppositionsgruppen wie „Neues Forum" und „Demokra-

tie jetzt“ hatten kaum Chancen, im Wahlkampf auf sich aufmerksam zu machen.
Diese Wahl war auch eine **Abstimmung über die weitere Zukunft der DDR**:

- Die „Allianz für Deutschland“ (ein Wahlbündnis bestehend aus CDU, DA und DSU) trat wie die CDU/CSU in Westdeutschland für eine rasche Vereinigung der beiden deutschen Staaten ein.
- Die SPD erstrebte ein allmähliches Zusammenwachsen.
- Die PDS, die Nachfolgeorganisation der SED, machte sich ebenso wie verschiedene Oppositionsgruppen für die Eigenständigkeit der DDR stark.
- Das Wahlergebnis stellte ein klares Votum für das Konzept der „Allianz für Deutschland“ dar und zeigte, dass die Bürger in der DDR nicht an die Reformierbarkeit des Staates glaubten.

WÄHRUNGS-, WIRTSCHAFTS- UND SOZIALUNION Mit der neuen, demokratisch gewählten Regierung unter **Ministerpräsident Lothar de Maizière** (CDU) trat die Bundesregierung sofort in Verhandlungen über die Errichtung einer Währungs-, Wirtschafts- und Sozialunion ein.
Die von der Bundesregierung als Voraussetzung für die Währungsunion genannte **Einführung der sozialen Marktwirtschaft** in der DDR sagte Lothar de Maizière zu. Nun stellte sich die Frage, auf welchem Weg die wirtschaftliche Einheit erreicht werden sollte:

- Wirtschaftsexperten sprachen sich für die Schaffung eines einheitlichen Wirtschaftsraumes aus, wozu das Produktionsniveau angeglichen werden sollte.
- Die Mehrheit der Bevölkerung in der DDR forderte aber immer dringender die sofortige Einführung der D-Mark.

Daher musste der **schnelle Weg zur wirtschaftlichen Vereinigung** eingeschlagen werden. Gründe dafür waren:

- die Ausreise von täglich etwa 2000 Bürgern, die im Westen ihr Glück versuchen wollten, weil sie den wirtschaftlichen Verhältnissen im Osten misstrauten,
- der rapide Verfall der DDR-Wirtschaft durch den Zusammenbruch des Planungssystems,
- der Wegfall von Handelspartnern, da die traditionellen Abnehmerländer im Ostblock eigene Probleme hatten und als Abnehmer ausfielen,
- die extrem hohe Staatsverschuldung der DDR.

Im Mai 1990 unterzeichneten die Finanzminister der beiden deutschen Staaten den **Staatsvertrag**, der am 1.7.1990 in Kraft trat. Damit bekamen die DDR-Bürger die D-Mark statt der Ostmark. Löhne, Gehälter und Renten wurden in D-Mark ausbezahlt, Sparguthaben bis 6000 Mark im Verhältnis 1 : 1 umgetauscht.
Die Übernahme des westdeutschen Wirtschaftssystems brachte aber noch mehr Schwierigkeiten. Die meisten Betriebe konnten dem Konkurrenzdruck aus dem Westen nicht standhalten und aufgrund der gestiegenen Preise im Ostblock nichts mehr absetzen. **Firmenpleiten** und eine hohe **Arbeitslosenzahl** waren die Folge.

DER EINIGUNGSVERTRAG Der Einigungsvertrag regelte die rechtlichen Aspekte der Wiedervereinigung. Er wurde am 31.8.1990 von den Innenministern der Bundesrepublik Deutschland und der DDR, Wolfgang Schäuble und Günther Krause, unterzeichnet und trat am **3.10.1990** in Kraft. Der 3. Oktober ist seitdem als **Tag der deutschen Einheit** der deutsche Nationalfeiertag. Die wesentlichen Bestimmungen des Einigungsvertrags sind:

- Die DDR tritt der Bundesrepublik Deutschland bei.

- Die von der DDR-Regierung aufgelösten und im Juli 1990 wieder gegründeten **Länder** Brandenburg, Mecklenburg-Vorpommern, Sachsen, Sachsen-Anhalt und Thüringen werden deutsche Bundesländer.
- **Berlin** wird die Hauptstadt der BRD.
- Das **Recht** der Bundesrepublik Deutschland gilt künftig auch auf dem Gebiet der ehemaligen DDR.
- Das **Vermögen** der DDR wird Eigentum der Bundesrepublik Deutschland. **Enteignungen** der Jahre 1945 bis 1949 werden nicht mehr rückgängig gemacht.
- Die **Treuhandanstalt** hat die Aufgabe, die ehemals volkseigenen Betriebe zu privatisieren.
- Die **Sozialsysteme** der beiden deutschen Staaten werden einander angeglichen.

Durch den Einigungsvertrag wurde das Grundgesetz in einigen Punkten geändert und zudem in der ehemaligen DDR in Kraft gesetzt.

DIE VEREINIGUNG ALS INTERNATIONALES PROBLEM Die deutsche Einigung stieß in Europa auf Widerstand. Zu frisch waren die Erinnerungen an das deutsche Großmachtstreben zu Beginn und um die Mitte des 20. Jahrhunderts, zu nah das Leid, das von den Deutschen in zwei Weltkriegen verursacht worden war. Außerdem war nicht klar, was von einem vereinten Deutschland in wirtschaftlicher Hinsicht zu erwarten war.

POSITIONEN ZUR VEREINIGUNG DEUTSCHLANDS	
USA	Die **US-Regierung** sprach sich unter der Voraussetzung, dass Deutschland Mitglied der NATO und der EG bleibt, für eine deutsche Vereinigung aus.

UdSSR	Vor 1990 wurde eine Vereinigung Deutschlands abgelehnt. Zu Beginn des Jahres 1990 sprach sich **Gorbatschow** unter der Vorgabe für die Wiedervereinigung aus, dass Gesamt-Deutschland nicht Mitglied der NATO und neutral sein müsse. Nach dem Kohl-Besuch im Kaukasus (Juli 1990) erklärte sich Gorbatschow mit dem Verbleib des geeinten Deutschland in der NATO einverstanden und versprach gegen Geld- und Sachleistungen den Abzug der sowjetischen Truppen aus der DDR bis Ende 1994.
Frankreich	**Francois Mitterand** äußerte aus sicherheitspolitischen Gründen Bedenken gegen die Erstarkung seines östlichen Nachbarn.
Groß-britannien	Die britische Premierministerin **Margaret Thatcher** sah die militärische und wirtschaftliche Kraft eines vereinigten Deutschlands als Störfaktor für die europäische Stabilität.

DIE ZWEI-PLUS-VIER-GESPRÄCHE Der Einigungsvertrag war nur eine Vereinbarung zwischen den beiden deutschen Staaten. Alle Abmachungen mussten mit den internationalen Rahmenbedingungen im Einklang sein. Deutschland durfte nichts beschließen, was den Vereinbarungen mit den Siegermächten des Zweiten Weltkrieges widersprach. Für weiterreichende deutsch-deutsche Abmachungen, Beschlüsse Berlin oder einen Friedensvertrag betreffend, musste erst das **Einverständnis der Siegermächte** eingeholt werden. Diese Funktion erfüllten die Zwei-plus-Vier-Verhandlungen, an denen die Außenminister der Siegermächte beteiligt waren: für die UdSSR Eduard Schewardnadse, für Großbritannien Douglas Hurd, für die USA James Baker und für Frankreich Roland Dumas. Die beiden deutschen Staaten wurden durch Lothar de Maizière (DDR) und Hans-Dietrich Genscher (BRD) vertreten.

ERGEBNISSE DER ZWEI-PLUS-VIER-VERHANDLUNGEN

- Bestätigung des Status quo der Grenzen des vereinigten Deutschlands.
- Verzicht auf territoriale Ansprüche.
- Verzicht auf den Besitz von ABC-Waffen.
- Reduzierung der Bundeswehr auf 370 000 Mann.
- volle Souveränität für Deutschland.

Ergebnis: Die Zwei-plus-Vier-Gespräche ermöglichten eine **Lösung der „deutschen Frage"**: Einer Wiedervereinigung der Bundesrepublik Deutschland und der DDR stand nichts mehr im Weg.

Bedeutung: Die Zwei-plus-Vier-Verträge gelten als **Friedensvertrag**, die alliierte Oberherrschaft über Deutschland war damitzu Ende.

VEREINIGUNG DER BEIDEN DEUTSCHEN STAATEN Die deutsche Wiedervereinigung wäre laut Grundgesetz auf zwei verschiedenen Wegen erreichbar gewesen.

- Beitritt „anderer Teile Deutschlands“ zur Bundesrepublik Deutschland (Art. 23 GG) und
- Zusammenschluss der beiden deutschen Staaten, der die Ausarbeitung einer neuen, gemeinsamen Verfassung bedurft hätte (Art. 146 GG).

Der Bundesregierung und der Mehrheit der Bevölkerung in der DDR lag daran, den schnelleren Weg (nach Art. 23 GG) zu wählen. Somit trat am **3.10.1990** die DDR der Bundesrepublik Deutschland bei, als Regierungssitz wurde Berlin gewählt.

Deutschland nach der Wiedervereinigung

PROBLEME DER DEUTSCHEN EINHEIT Helmut Kohl hatte den Deutschen im Osten bei der Wiedervereinigung angekündigt, die neuen Bundesländer binnen weniger Jahre in „blühende Landschaften“ zu verwandeln. Dass dieses Versprechen zu optimistisch war, stellte sich bald heraus. Folgende Probleme wurden schnell deutlich:

- **Wirtschaftlicher Bankrott der DDR.** Zum Zeitpunkt ihres Beitritts zur Bundesrepublik Deutschland war die DDR bankrott. Die staatseigenen Betriebe wirtschafteten unrentabel und waren der neuen Konkurrenz nicht gewachsen. Betriebe mussten schließen, viele Menschen verloren ihre Arbeit.
- Als die **Treuhandanstalt** begann, unrentable staatliche Firmen zu privatisieren, stieg die Zahl der Arbeitslosen noch weiter.
- Auch die ökologischen Zustände in der DDR waren katastrophal. Die **Umwelt** wurde ausgebeutet, die Industrie arbeitete billigst – also ohne die im Westen üblichen Vorkehrungen des Umweltschutzes. Gewässer

wurden zur Müllentsorgung verwendet, viele Flüsse und Seen in der DDR waren ökologisch tot, die Trinkwasserversorgung nicht gesichert.
- Große Probleme zeigten sich beim **Wohnungsbau**. Viele Häuser waren verfallen oder im Vorkriegszustand.
- Auch die **Infrastruktur** war längst nicht mehr zeitgemäß; Autobahnen, Straßen und das Gleisnetz der Bahn waren sanierungsbedürftig.
- Nach der Wiedervereinigung taten sich immense soziale Probleme auf. Der Verlust der Arbeitsstelle führte bei vielen Menschen zu **wirtschaftlicher Not** und zu sozialer Unsicherheit. Der Übernahme der Westpreise (z. B. für Mieten, Strom, Gas und Lebensmittel) stand kein gleichwertiger Ausgleich z. B. durch Lohnerhöhungen oder Tarifanpassungen gegenüber. Viele ehemalige DDR-Bürger reagierten auf diese unbefriedigende wirtschaftliche Situation mit dem Umzug in den Westen.
- Auch die **Vergangenheitsbewältigung** war für viele Menschen aus dem Osten ein Problem.
- Nach der Wiedervereinigung häuften sich **rechtsradikal motivierte Straftaten** in den neuen Bundesländern. Anschläge auf Asylbewerberheime gab es besonders in den Jahren 1992 bis 1994.

NEUORIENTIERUNG DER DEUTSCHEN AUSSENPOLITIK

Dem wiedervereinigten Deutschland kam wieder ein starkes außenpolitisches Gewicht zu. Bei manchen Politikern in Europa kamen alte Ängste hoch. Diese galt es, durch eine verantwortungsvolle Politik zu beruhigen.

Folgende Problemfelder ergaben sich:
- **Deutschland und der Westen.** Der Regierung Kohl lag daran, die Furcht vor einem vergrößerten und

wiedererstarkten Deutschland zu verringern. In vielen Verhandlungen mit den westlichen Nachbarn wurde deutlich gemacht, dass die Bundesrepublik keine hegemoniale Stellung in Europa beanspruchen würde. Das geeinte Deutschland würde sich in den Rahmen des „europäischen Hauses" einfügen und den Ausbau der Europäischen Union aktiv vorantreiben. Es würde auch Mitglied der NATO bleiben, wodurch seine Waffensysteme und die Struktur der Bundeswehr für die NATO-Staaten überprüfbar sind.

- **Deutschland und der Osten.** Die Öffnung der Grenzen zwischen Ost und West weckte auf beiden Seiten problematische Erinnerungen an den Zweiten Weltkrieg. Um einen Neuanfang in den staatlichen Beziehungen zu erreichen, versprach die Regierung Kohl, sich für eine Aufnahme der Staaten Osteuropas in die Europäische Union bzw. in die NATO stark zu machen und sagte wirtschaftliche und finanzielle Hilfe beim Aufbau der Marktwirtschaft und bei der Durchführung demokratischer Reformen zu.
- **Deutschland und die Welt.** Die deutsche Regierung verhielt sich in den Jahren nach 1990 in internationalen Konflikten äußerst zurückhaltend. Die NATO-Partner und vor allem die USA erwarteten aber ein verstärktes Engagement des vereinigten Deutschlands bei internationalen Krisen. Seit 1992 nahm die Bundeswehr an Blauhelmmissionen (humanitäre und medizinische Hilfe) in Kambodscha, Somalia und im ehemaligen Jugoslawien teil. Das **Out-of-Area-Urteil** des Bundesverfassungsgerichts machte am 12. 7. 1994 den Weg auch für militärische Einsätze der Bundeswehr außerhalb des NATO-Gebietes im Rahmen einer UNO-Mission frei. Der **Einsatz deutscher Soldaten in**

Afghanistan nach dem Attentat vom 11.9.2001 auf das World Trade Center basiert auf dieser Grundlage.

DER REGIERUNGSWECHSEL 1998 Am 27.9.1998 gewann die SPD mit ihrem Kanzlerkandidaten **Gerhard Schröder** die Bundestagswahl. Es kam zu einer rot-grünen Koalitionsregierung unter Kanzler Schröder, Außenminister wurde Joschka Fischer (Grüne). Wolfgang Schäuble folgte Helmut Kohl als Vorsitzender der CDU nach. Wichtige Themen der Politik während der Kanzlerschaft Gerhard Schröders waren:

- Beginn des **Kosovo-Kriegs** im März 1999. Die NATO bemühte sich um einen Rückzug Serbiens aus dem Kosovo, zugleich sollte der serbische Präsident Milosevic entmachtet werden.
- Der frühere Ministerpräsident von Nordrhein-Westfalen **Johannes Rau** (SPD) folgte im Mai 1999 **Roman Herzog** (CSU) als Bundespräsident nach.
- Nach dem Anschlag auf das **World Trade Center** am 11.9.2001 beteiligten sich zum ersten Mal nach dem Zweiten Weltkrieg deutsche Soldaten an Kampfhandlungen außerhalb des NATO-Gebiets (Afghanistan).

DIE BUNDESTAGSWAHL 2002 Die rot-grüne Koalition gewann mit einem hauchdünnen Vorsprung vor schwarz-gelb unter Edmund Stoiber (CSU). **Gerhard Schröder** wurde wieder zum Bundeskanzler gewählt.

- Am 20. März 2003 begannen die USA den Krieg gegen den Irak (dritter Golfkrieg).
- Im Mai 2004 wurde **Horst Köhler** als Kandidat von CDU, CSU und FDP zum Bundespräsidenten gewählt.
- Die **Arbeitslosenquote** blieb auf hohem Niveau (ca. 4,8 Millionen), auch die umstrittenen Sozialreformen

(Hartz IV) änderten daran nichts. Die öffentliche Kritik an der Politik der Bundesregierung nahm zu, die SPD verlor mehrere Landtagswahlen in Folge. Kanzler Schröder, der für seine Reformpolitik im Bundestag keinen Rückhalt mehr zu haben glaubte, stellte die Vertrauensfrage mit dem Ziel, **vorgezogene Neuwahlen im Herbst 2005** durchführen zu können.

DIE GROSSE KOALITION UNTER KANZLERIN MERKEL Die Bundestagswahl 2005 brachte nur einen knappen Vorsprung für die Unionsparteien und diese konnten daher die angestrebte Koalitionsregierung mit der FDP nicht realisieren. Da eine Regierungsbeteiligung der neu formierten politischen Kraft Die Linke.PDS von allen Betroffenen ausgeschlossen wurde, gestaltete sich die Mehrheitsfindung schwierig. In dieser Situation bildeten CDU/CSU und SPD eine Große Koalition; Angela Merkel (CDU) wurde zur ersten Bundeskanzlerin gewählt. Die neue Regierung verpflichtete sich, die unter Schröder begonnene Reform des Sozialstaates (Gesundheitsreform, Agenda 2010 zur Senkung der Sozialausgeben) fortzusetzen. Dieser Kontinuität im Inneren steht eine partielle Akzentverschiebung im Bereich der Außenpolitik gegenüber: Bei ihrem Antrittsbesuch beim amerikanischen Präsidenten Bush im Januar 2006 äußerte sich Merkel kritisch zur Existenz des Gefangenenlagers Guantanamo (von den USA auf einer amerikanischen Militärbasis in Kuba eingerichtetes Lager, in dem Personen festgehalten werden, die der Beteiligung am islamistischen Terrorismus verdächtigt werden).

Stichwortverzeichnis

A

Achse Berlin-Rom 130
Afrikafeldzug 135
Ancien Régime 8 ff.
Anti-Hitler-Koalition 147 ff.
Anschluss Österreichs 131
Antikomintern-Pakt 130
Antisemitismus 117
Appeasement-Politik 129 ff.
Arbeiter- und Soldatenräte 67 ff.
Arbeiterparteien 49, 70, 145
Atlantik-Charta 151
Außerparlamentarische Opposition (APO) 179

B

Baader-Meinhof-Gruppe 179
Bagdadbahn 52
Balkanfeldzug 135
Balkankrise 59 f.
Ballhausschwur 9
Bastille 10
Bedingungslose Kapitulation 62, 66, 137, 145
Berliner Kongress 39
Berliner Vertrag 90
Berlin-Krise 184
Biedermeier 20 f.
Bizone 159 f.
Block antifaschistisch-demokratischer Parteien (Antifa-Block) 163
Botschaftsflüchtlinge 194
Burgfrieden 64

C

Containment-Politik 149 f., 169

D

Deutscher Bund 19, 23
Direktorium 15 f.
Dolchstoßlegende 62, 80
Dreibund 39
Dreikaiserabkommen 39

E

Eiserner Vorhang 193
Emser Depesche 30
Endlösung 140
Entente cordiale 59 ff.
Entnazifizierung 154 f.
Ermächtigungsgesetz 108 ff., 114
Europäische Atomgemeinschaft (Euratom) 173
Europäische Gemeinschaft (EG) 172 f., 191 f., 209, 213
Europäische Gemeinschaft für Kohle und Stahl (EGKS, Montanunion) 172 f.
Europäische Union (EU) 194, 209, 218
Europäische Verteidigungsgemeinschaft (EVG) 173
Europäische Wirtschaftsgemeinschaft (EWG) 173
Europäischer Wirtschaftsraum (EWR) 209
Europaparlament 192
Euthanasie 141, 146

F

Februar-Revolution 21
Frankfurter Dokumente 161
Freier Deutscher Gewerkschaftsbund (FDGB) 163
Freikorps 70, 82 f.

Friedensbewegung 196 f.
Frieden von Campo Formio 15
Führerprinzip 121

G
Gemeinschaft Unabhängiger Staaten (GUS) 206
Generalstände 8 f.
Glasnost 190, 206
Gleichschaltung 110, 112 f., 114
Golfkrieg 219
Große Koalition 95, 178 f., 220
Gründerkrise 35 ff., 46
Grundgesetz 161 ff., 195, 213, 215
Gruppe Ulbricht 163

H
Haldane Mission 53
Hallstein-Doktrin 175
Heilige Allianz 19
Hindenburg-Kabinett 96
Hitlerjugend 123
Hitler-Putsch 85 f.
Hitler-Stalin-Pakt 132
Holocaust 140
Hoßbach-Protokoll 130
Hunnenrede 52

I
Imperialismus 50 ff., 119
Indemnität 30
Industrialisierung 21, 42 ff.
Intermediate Nuclear Forces (INF) 191

J
Jakobiner 12, 14

K
Kabinett der Barone 99
Kaiserproklamation 31
Kapp-Putsch 75, 82 f., 86
Karlsbader Beschlüsse 20
Kathedersozialisten 49
Kissinger Diktat 38
Koalitionskriege 13
Königgrätz 29
Kominform 150
Konkordat 128
Konstruktives Misstrauensvotum 161, 196
Konzept der angemessenen Reaktion 169
Konzept der massiven Vergeltung 169
Korea-Krieg 169 f., 175
Konferenz für Sicherheit und Zusammenarbeit in Europa (KSZE) 188 f., 192, 198
Krügerdepesche 52
Kuba-Krise 169, 188

L
Landwirtschaftliche Produktionsgenossenschaften (LPG) 182
Lastenausgleich 177
Legitimität 18 f.
Leibeigenschaft 16 f.
Locarno-Vertrag 89 f.
Londoner Außenministerkonferenz 160
Lückentheorie 27

M
Maastricht-Vertrag 209
Märzforderungen 21 f.
Märzrevolution 21 f.
Marokkokrise 59 f.
Marshallplan-Hilfe (European Recovery Program, ERP) 159

Mediatisierung 16
Mefo-Wechsel 124 f.
Menschenrechte 10, 161, 188 f., 193
Mittelmeer-Abkommen 40
Münchner Abkommen 131 f.
Münchner Räterepublik 81 f.

N
Nachrüstung 196
Nationalkonvent 13
Nationalversammlung 9 ff., 71, 161
NATO-Doppelbeschluss 196 f.
Norddeutscher Bund 31
North Atlantic Treaty Organization (NATO) 153 f., 173 ff., 196, 213 ff.
Notstandsgesetzgebung 179
Nürnberger Gesetze 139

O
One-World-Politik 149 f.
Organization for European Economic Cooperation (OEEC) 153
Ostverträge 195 f.

P
Pariser Verträge 58, 173
Parlamentarischer Rat 162
Perestroika 190, 206
Planwirtschaft 164, 181, 185
Potsdamer Abkommen 149 ff., 162, 176
Präsidialkabinette 97 ff.
Preußenschlag 99

R
Rapallo-Vertrag 89
Rat der Volksbeauftragten 68 ff., 92
Rat für gegenseitige Wirtschaftshilfe (RGW) 181
Reichsbürgergesetz 139
Reichsdeputationshauptschluss 16
Reichskulturkammer 113, 123
Reichstagsbrandverordnung 107 ff., 114
Reichswehr 73, 75 f., 82 ff., 100, 111, 114, 124
Reservatrechte 31
Restauration 18 ff.
Revolutionskriege 12 ff.
Roll-Back-Politik 169
Röhm-Putsch 110 ff.
Römische Verträge 173
Rückversicherungsvertrag 39, 52
Runder Tisch 203
Russlandfeldzug 17, 136

S
Säkularisation 16
SALT-Verträge 188
Sansculotten 12, 14
Schengener Abkommen 209
Schlieffen-Plan 61
Schuman-Plan 172
Sedan 31
Sicherheitsdienst (SD) 113
Solidarität 18 f., 36
Sowjetisch Besetzte Zone (SBZ) 152 ff., 162 ff.
Sowjetische Militäradministration in Deutschland (SMAD) 163 ff.
Sowjetisierungspolitik 150
Soziale Marktwirtschaft 157, 159
Spanischer Bürgerkrieg 130
Spartakusaufstand 70
Spiegel-Affäre 177
Sputnik-Schock 169

Staatssicherheitsdienst (Stasi) 200 f.
Ständegesellschaft 9 f.
Stahlhelm 76
Stahl-Pakt 132
Stalingrad 136
Strategic Arms Limitation Talks (SALT I und II) 188
Strategic Defense Initiative (= satellitengesteuertes Raketenabwehrprogramm, SDI) 189
Sturmabteilung (SA) 76
Subsidiaritätsprinzip 209
System Metternich 20

T
Tag der deutschen Einheit 183, 212
Totaler Krieg 136
Treuhandanstalt 213, 215
Triple Entente 58
Trizone 160

U
Unfehlbarkeitsdogma 34
Ungarn-Aufstand 169

V
Vereinte Nationen (UN) 149
Versailler Vertrag 62, 78 ff., 102, 107, 128 ff.
Vertrag von Gastein 29
Vietnam-Krieg 169, 179, 189
Völkerbund 79 f., 90 ff., 128, 151
Völkerschlacht 17, 20
Volkskammer 165 f., 167, 201, 203, 210
Volkskongressbewegung 164 f.
Volkspolizei (VOPO) 183
Vormärz 20 ff.

W
Währungsreform 152, 159, 164
Warschauer Pakt 171, 181, 202, 206
Weimarer Koalition 71
Westeuropäische Union (WEU) 173 f.
Wiederbewaffnung 173
Wiener Kongress 18 f.
Widerstand 66, 84, 138 ff., 142 ff.
Wirtschaftswunder 168 ff., 176
Wohlfahrtsausschuss 14

Z
Zehn-Punkte-Programm 81
Zensuswahlrecht 10 f.
Zweibund 39
Zwei-Lager-Theorie 150
Zwei-Plus-Vier-Gespräche 214 f.